Esta enciclopedia sobre demonios se posiciona dentro de un enfoque académico, fundamentado en rigurosas investigaciones históricas, culturales y académicas. Su propósito principal es ofrecer una recopilación objetiva y factual de información acerca de los demonios, abordando mitologías, creencias culturales y representaciones históricas de manera precisa y documentada. Cada entrada busca proporcionar datos verificables y contextualizados, asegurando un enfoque informativo y educativo para aquellos interesados en comprender la riqueza y diversidad de las concepciones demoníacas a lo largo de las distintas culturas y periodos históricos.

El Léxico Luciferino

Editor- Ilustrador: Ricardo Gallego

El Léxico Luciferino

Un Diccionario Demoníaco

A todos los intrépidos exploradores de las sombras y guardianes de la oscuridad ancestral, esta enciclopedia demoníaca se erige en homenaje a su fascinación por lo enigmático. Que estas páginas sean un portal hacia los misterios que yacen más allá de la luz, y que aquellos que se sumerjan en sus profundidades encuentren conocimiento y deleite en la oscura danza de los demonios. A los amantes de las sombras, cuyos corazones laten al ritmo de lo desconocido, dedico esta obra con gratitud y admiración.

Ricardo Gallego

Iniciación

¿Escuchas ese misterioso golpeteo en la puerta? Te asomas, pero no hay nadie al otro lado. Te preguntas si tu mente te juega una pasada, si quizás lo imaginaste. Pero, sin que te des cuenta, estás abriendo la puerta a fuerzas malévolas y sombrías, energías que no comprendemos, pero sabemos que están ahí. Todos, en algún momento, hemos sentido cómo se nos eriza la piel, o hemos experimentado súbitos momentos de tristeza, ira y desolación. ¿No te has hecho esa pregunta? Ellos están ahí, acechando en las sombras, invisibles pero siempre presentes. ¿Alguna vez has sentido que te observan, que estás siendo vigilado?

Aun cuando tanto desconocemos de la vida, hay algo innegable: los demonios han sido compañeros silenciosos en nuestro viaje a través de los siglos. Son entidades esquivas, acechando en los límites de nuestra comprensión, inmersas en lo más oscuro del misterio. A través de este libro maldito, te relataré mi propio peregrinaje a través de lo desconocido, mi búsqueda de respuestas en el mundo de lo oculto y lo siniestro.

En estas páginas, desvelaré los secretos, los nombres y las historias de estos seres infernales que han habitado las pesadillas de la humanidad . Desde los abismos de la mitología hasta los rincones más oscuros de la creencia popular, nos aventuraremos en un territorio donde lo inexplicable se mezcla con lo innombrable.

Los Caminos Oscuros

Desde que era un niño, mi vida estuvo plagada de experiencias misteriosas y encuentros inquietantes que me llevaron por el tenebroso sendero del mundo paranormal. Sabía que algo extraordinario estaba destinado a suceder, antes de quedarme dormido, escuchaba un sonido extraño, similar al rebotar de un balón de baloncesto en una habitación vacía. Era el preludio de noches llenas de pesadillas y visitantes de otro mundo.

Una de mis experiencias más impactantes involucró a la parálisis del sueño. En una noche en particular, me encontré incapaz de moverme o gritar mientras veía una sombra moverse de forma poco natural, susurros oscuros llenando el aire. Fue una sensación aterradora, como si el mismísimo abismo se hubiera abierto ante mí.

Mi obsesión por lo paranormal se hizo más profunda a medida que crecía. Los extraños ruidos en medio de la noche y las sombras fugaces en las esquinas de mis ojos se convirtieron en una constante en mi vida. En ocasiones, los sueños vívidos se mezclaban con la realidad, y era difícil discernir entre ambos. Las pesadillas se convirtieron en un compañero constante.

A medida que me adentraba en mi carrera como escritor , comencé a investigar y documentar casos de posesiones demoníacas, lugares malditos y fenómenos paranormales, tenia que intentar vivirlo con mis cinco sentidos. Cada encuentro me dejaba con más preguntas que respuestas, alimentando mi insaciable pasión por lo inexplicable.

Aquí estoy, dispuesto a explorar el mundo de los demonios y lo paranormal una vez más, decidido a desvelar los secretos más oscuros que acechan en las sombras y a compartir estas inquietantes historias con todos aquellos que estén dispuestos a unirse a mí en la búsqueda de lo sobrenatural. Gracias a los tiempos modernos, me he atrevido a relatar mis experiencias y plasmarlas con una precisión que antes solo podía soñarse. Ahora, con la capacidad de documentar y compartir estas vivencias con exactitud, estoy más preparado que nunca para adentrarme en este misterioso viaje.

El Origen

La creencia en los demonios tiene sus raíces en la antigüedad y se puede encontrar en muchas culturas y religiones diferentes. En la antigua Mesopotamia, por ejemplo, existían relatos de un ser llamado Arima, que sería el príncipe de las tinieblas. En el mundo cananeo, al que pertenecían los hebreos había un catálogo de exorcismos y conjuros contra los demonios maléficos.

En la Biblia hebrea, a pesar de que en el culto israelita no existía de modo oficial ninguna prescripción para defenderse de los demonios, se mencionan varios seres o genios maléficos. En la Doctrina Espírita, no hay ángeles y demonios como tales, sino Espíritus que tienen características morales compatibles con la descripción de estas criaturas. En otras palabras, hay seres que avanzaron en su jornada evolutiva y tienen las virtudes de «ángeles», así como seres en niveles inferiores de conciencia, pareciéndose a los «demonios». La palabra "demonología" proviene del griego "daimon", que significa "genio" o "demonio", y "logía", que se traduce como "ciencia". A lo largo de la historia, la demonología ha estudiado estos seres desde diferentes perspectivas y contextos culturales.

Las creencias en seres malévolos y demoníacos se pueden rastrear en múltiples culturas y religiones a lo largo de la historia. Aquí hay una mirada general a algunos de los orígenes de estas creencias:

Mitología antigua: En muchas culturas antiguas, como la sumeria, babilónica, egipcia y griega, había dioses y entidades que se consideraban responsables tanto de las bendiciones como de las maldiciones. Algunas de estas deidades o seres se percibían como malévolos o traviesos, y con el tiempo, sus historias se convirtieron en parte de las tradiciones demoníacas.

Religiones abrahámicas: Las religiones abrahámicas, como el judaísmo, el cristianismo y el islam, han tenido una gran influencia en la formación de la noción de demonios. En el

Antiguo Testamento de la Biblia, hay referencias a seres malignos que se oponen a Dios. La caída de Lucifer y su transformación en Satanás es un ejemplo icónico de esta narrativa.

Sincretismo religioso: A medida que las culturas se mezclaban y las religiones se entrecruzaban, las creencias sobre demonios también evolucionaban. En muchas tradiciones, los demonios se fusionaban con deidades o seres sobrenaturales locales.

Explicaciones para el mal y la enfermedad: A lo largo de la historia, los demonios se han utilizado para explicar el sufrimiento humano, como la enfermedad, la locura o la mala fortuna. Esta idea de seres malévolos que infligen sufrimiento ha persistido a lo largo de las edades.

Fenómenos inexplicables: Los fenómenos inexplicables o inusuales a menudo se atribuían a la intervención de seres demoníacos. Esto incluye desde eventos climáticos extremos hasta comportamientos humanos incomprensibles. En resumen, la creencia en los demonios se ha desarrollado a lo largo de miles de años a medida que las culturas, religiones y explicaciones para lo inexplicable han evolucionado.

Los demonios han sido utilizados para personificar el mal y lo desconocido, y han desempeñado un papel destacado en la mitología y la psicología humana a lo largo de la historia.

Infierno

El término "Infierno" proviene del latín "inférnum" o "ínferus", que significa "por debajo de", "lugar inferior", "subterráneo". Está relacionado con las palabras "Seol" en hebreo y "Hades" en griego. Según muchas religiones, el Infierno es el lugar o estado donde, después de la muerte, las almas de los pecadores son torturadas eternamente. Es equivalente al Gehena del judaísmo, al Tártaro de la mitología griega, al Helheim según la mitología nórdica y al Inframundo de otras religiones.

En la teología católica, el Infierno es una de las cuatro postrimerías del hombre. El Catecismo de la Iglesia Católica afirma su existencia y su eternidad. Las almas de aquellos que mueren en estado de pecado mortal descienden al Infierno inmediatamente después de la muerte para sufrir las penas o "fuego eterno". La pena principal sería "la separación eterna de Dios".

El Infierno también ha sido retratado en la literatura, como en la famosa obra "La Divina Comedia" del poeta florentino Dante Alighieri. En esta obra, el Infierno es descrito como un lugar de castigo eterno, donde los pecadores sufren un castigo que corresponde a sus pecados cometidos en vida.

Pero más allá de estas descripciones, el Infierno es un concepto complejo y multifacético que varía enormemente entre diferentes culturas y tradiciones religiosas.

Algunos lo ven como un lugar físico de tormento, mientras que otros lo interpretan como un estado de separación de lo divino. Sin embargo, todas estas interpretaciones comparten una característica común: el Infierno es un lugar o estado de sufrimiento extremo, un destino temido por todos aquellos que creen en su existencia.

El concepto del infierno, el lugar de castigo para las almas malvadas, tiene raíces profundas que se remontan a las antiguas civilizaciones. En la mitología sumeria, ya se hablaba de un inframundo gobernado por la diosa Ereshkigal, un reino sombrío al que las almas descendían tras la muerte. Sin embargo, fue en la mitología griega donde el concepto de un inframundo como lugar de castigo y tormento se consolidó. Los griegos creían en el Tártaro, un abismo en las profundidades de la Tierra donde los titanes y otros seres malvados eran arrojados para sufrir eternamente. Este sombrío concepto fue heredado por los romanos, quienes lo adaptaron en su propia mitología, creando el concepto del "Infierno" como lo conocemos hoy. En la mitología romana, el Infierno estaba gobernado por Plutón, y las almas de los malvados sufrían castigos eternos en su reino.

Sin embargo, fue con la propagación del cristianismo cuando el concepto del infierno adquirió una importancia aún mayor. La Biblia cristiana, en particular el Nuevo Testamento, habla de un lugar de tormento eterno donde los pecadores son condenados a sufrir. Satanás, una figura celestial caída, se convirtió en el gobernante de este lugar oscuro.

A lo largo de la Edad Media, la idea del infierno se arraigó en la cultura europea, y se convirtió en una herramienta poderosa en manos de la Iglesia para influir en las creencias y el comportamiento de las personas. La representación del infierno en el arte y la literatura se convirtió en una manifestación visual del castigo y la advertencia contra el pecado.

La percepción del infierno ha evolucionado y ha sido interpretada de diversas maneras por diferentes culturas y religiones. Ya sea un reino de castigo o una metáfora del sufrimiento humano, el infierno sigue siendo un concepto intrigante y misterioso que ha perdurado a lo largo de los siglos, influyendo en la espiritualidad, la cultura y la psicología humanas. ¿Quién puede afirmar conocer sus secretos más oscuros? El concepto de "infierno" varía entre diferentes religiones, mitologías y sistemas de creencias, y existen diversas interpretaciones y representaciones de lo que podría ser el infierno. A continuación, te mencionaré algunas de las concepciones de infierno más conocidas:

Infierno cristiano: En la tradición cristiana, se considera que hay un único infierno, a menudo descrito como un lugar de castigo eterno para las almas condenadas. El infierno se asocia comúnmente con Satanás y sus demonios, y es visto como el opuesto del cielo, un lugar de tormento y separación de Dios.
Infierno islámico: En el islam, se cree en un infierno llamado "Yahannam". Es un lugar de castigo para los pecadores y es descrito en el Corán como un lugar de fuego ardiente y sufrimiento eterno.

Infierno budista: En algunas interpretaciones del budismo, se habla de "Naraka", que es una especie de infierno donde las almas sufren por los efectos de sus malas acciones. Existen múltiples niveles de Naraka, cada uno con un grado diferente de sufrimiento.
Infierno hindú: En la mitología hindú, existe la creencia en "Naraka", que es un reino de sufrimiento y castigo para las almas malvadas.

También está relacionado con la idea de la reencarnación y el karma.

Otras tradiciones: Diversas otras religiones y culturas tienen sus propias concepciones de infierno. Por ejemplo, en la mitología griega, existe el Tártaro, un lugar de castigo para los titanes y otras entidades malévolas. En la mitología nórdica, se menciona Hel, un reino de los muertos.

Una teoría que busca explicaciones científicas más allá de lo espiritual, podría sugerir que la noción del infierno es el resultado de una compleja interacción entre la percepción humana y la física cuántica. En esta teoría, se plantea que el infierno, como se describe en diferentes tradiciones, podría existir en otra dimensión que coexiste con la nuestra. De acuerdo con la física cuántica, se ha teorizado sobre la existencia de múltiples universos paralelos, cada uno con sus propias leyes y realidades. La teoría de las "dimensiones" sugiere que algunas personas podrían ser más sensibles que otras a las "fronteras" entre estos universos y dimensiones. Estas personas sensibles podrían experimentar visiones, pesadillas y fenómenos paranormales que parecen conectar con un mundo más allá de nuestra comprensión. En la antigüedad, cuando las personas eran testigos de estas manifestaciones inexplicables, podrían haber interpretado estas experiencias como encuentros con seres demoníacos, y los exorcismos podrían haber sido intentos de liberar a las personas de estas influencias no comprendidas.

Además, en esta teoría, la interacción entre las dimensiones podría haber tenido un impacto en la salud mental de las personas. Aquellos que eran particularmente sensibles a estas "fronteras" entre dimensiones podrían haber experimentado problemas mentales debido a la tensión de vivir en dos realidades diferentes.

Esta teoría proporciona una explicación científica potencial para las experiencias que han sido tradicionalmente interpretadas como demoníacas o relacionadas con el infierno. Sin embargo, es importante destacar que esta es solo una teoría y que la existencia de múltiples dimensiones y universos paralelos es un concepto aún en discusión en la comunidad científica. Las creencias espirituales y religiosas también desempeñan un papel importante en cómo las personas interpretan estas experiencias.

El Infierno es más que fuego y azufre. Es un reflejo de nuestros miedos más profundos y nuestras inseguridades más arraigadas. Es un recordatorio de las consecuencias eternas del mal y un llamado a vivir nuestras vidas con rectitud y compasión.

Purgatorio

Entre la Vida y la Eternidad

El concepto del purgatorio ha sido una parte integral de las creencias religiosas y espirituales en varias culturas y religiones a lo largo de la historia. Aunque las representaciones varían, generalmente se describe como un estado o lugar intermedio entre la vida terrenal y la eternidad, destinado a purificar las almas antes de alcanzar su destino final.

En la Tradición Católica: El purgatorio es un componente clave de la teología católica. Se considera un estado temporal de purificación para las almas que han fallecido en gracia pero que aún deben expiar por sus pecados veniales o resolver asuntos pendientes antes de entrar en la presencia divina. Se cree que las oraciones y las acciones piadosas de los vivos pueden ayudar a acelerar este proceso.

Perspectivas en Otras Religiones: Si bien el término "purgatorio" es más específico de la teología católica, otras religiones tienen conceptos similares. En algunas tradiciones cristianas no católicas, como la ortodoxa, la idea de un proceso de purificación después de la muerte también está presente. Además, en ciertas corrientes del hinduismo y el budismo, se cree en ciclos de reencarnación y la necesidad de purificar el karma antes de alcanzar un estado de liberación o nirvana.

Experiencias y Relatos Paranormales: Las experiencias paranormales relacionadas con el purgatorio son difíciles de verificar, pero a lo largo de la historia, ha habido numerosos relatos de individuos que afirman haber experimentado visiones o encuentros con almas en proceso de purificación. Estas historias a menudo están impregnadas de un aura de misterio y tienen un elemento espiritual profundo.

Manifestaciones Artísticas: El purgatorio ha inspirado numerosas obras literarias, artísticas y cinematográficas. Desde la Divina

Comedia de Dante Alighieri hasta películas contemporáneas que exploran los temas de la vida después de la muerte, el purgatorio sigue siendo un tema fascinante que captura la imaginación de creadores y audiencias por igual. En resumen, el purgatorio se presenta como un misterioso puente entre la vida y la eternidad, tejiendo una red de creencias, tradiciones y experiencias paranormales. Su representación varía, pero su esencia radica en la búsqueda de purificación y reconciliación antes de dar el paso final hacia lo desconocido.

Satanás

Satanás, también conocido como Lucifer, era un ángel de gran piedad y belleza. Su nombre, que significa "Brillante" o "Portador de la luz", reflejaba su estatus celestial. Sin embargo, Lucifer se rebeló contra Dios y fue expulsado del cielo. Su nombre cambió a Satanás, que significa "oponente", "opositor", "adversario", "acusador". Pero Lucifer no fue el único que se rebeló. Según el cristianismo, otros ángeles también desobedecieron o se rebelaron contra los mandatos de Dios y fueron expulsados del cielos. Estos ángeles caídos incluyen a Mefistófeles, Semyazza y Azazel.

El Libro de Enoc, un antiguo manuscrito escrito entre el siglo IV a.C. y el siglo I a.C., proporciona la fuente más completa sobre los ángeles caídos. Según este texto, los ángeles caídos eran los llamados Vigilantes o Grigori, seres celestiales que Dios envió a la Tierra para vigilar y proteger al hombre durante sus primeras etapas. En la biblia, en el Apocalipsis describe una guerra en el cielo entre ángeles liderados por el arcángel Miguel contra aquellos liderados por "el dragón", identificado como el diablo o Satanás. Los ángeles rebeldes fueron derrotados y arrojados a la tierra. Desde su caída, Satanás se ha convertido en el gobernante del infierno y líder opositor al Reino de Dios. Se le muestra como la serpiente que engaña a los humanos incitándolos a que no sigan los preceptos establecidos por el Creador.

La historia de Satanás y los ángeles caídos se ha convertido en un relato icónico que refleja la lucha eterna entre el bien y el mal. Satanás, una vez una hermosa estrella del cielo, cayó en desgracia debido a su ambición y rebelión. Desde entonces, se le ha asociado con el pecado, la tentación y el mal en la teología cristiana y la demonología.

La narrativa de los ángeles caídos también plantea preguntas profundas sobre la naturaleza de la rebelión, el libre albedrío y la redención. ¿Puede un ser celestial caer tan bajo? ¿Hay esperanza de redención incluso para los ángeles caídos? Estas preguntas continúan intrigando a aquellos que exploran lo misterioso y lo paranormal.

El Jardín del Eden

En el famoso relato del Jardín del Edén, se cuenta que Satanás tomó la forma de una serpiente para tentar a Eva y Adán. Sin embargo, es importante destacar que no hay ninguna mención explícita del diablo o Satanás en el libro de Génesis. Fue sólo más tarde que los cristianos interpretaron que la serpiente era una encarnación de Satanás.

La serpiente, con su astucia y engaño, convenció a Eva para que comiera el fruto prohibido del Árbol del Conocimiento del Bien y del Mal. Eva, a su vez, compartió el fruto con Adán. Al caer en la tentación, ambos fueron expulsados del Jardín del Edén. Este acto de desobediencia marcó un punto de inflexión en la relación entre la humanidad y lo divino. Como castigo por su pecado, Dios colocó a dos querubines en la entrada del Edén con una espada de fuego para evitar el retorno de la humanidad al jardín.

Así, la serpiente, que más tarde se interpretaría como Satanás, jugó un papel crucial en uno de los relatos más conocidos y significativos de la Biblia. Su aparición en el Jardín del Edén marcó el inicio de una larga historia de tentación, pecado y redención. En este paraíso terrenal, un ser de belleza retorcida y sabiduría oculta se arrastró sigilosamente entre las hojas y las sombras. Se trataba de Satanás, el ángel caído, quien había adoptado la forma de una serpiente.

Satanás, en su forma de serpiente, se acercó sigilosamente a Eva, la primera mujer, con un susurro seductor en su lengua bífida. Sus ojos destellaban con conocimiento prohibido, y sus palabras se tejían con promesas tentadoras. Desafió la única regla dada por Dios: no comer del árbol del conocimiento del bien y del mal.

Eva, envuelta en la intriga y seducida por el conocimiento oculto, se vio irresistiblemente atraída hacia la enigmática conversación con esa serpiente singular. Su anhelo de sabiduría, su ambición insaciable, la condujo a probar el fruto prohibido, y a su lado, Adán también sucumbió. En ese instante, el pecado se deslizó sigiloso en el mundo, y la humanidad cayó en la penumbra del conocimiento, separándose de la divinidad. La serpiente desempeñó su papel como tentadora, y Satanás, en su forma más astuta, logró su venganza contra la creación divina.

En el crisol del pecado del saber, reflexionamos sobre la naturaleza de nuestra incesante curiosidad. ¿Estamos preparados para desentrañar los misterios que nos aguardan, o acaso la incansable búsqueda de respuestas es el castigo divino? A medida que la ciencia y la física avanzan, cada descubrimiento parece engendrar más preguntas que respuestas, ¿será esa nuestra perdición y pecado, atrapados en un ciclo interminable de cuestionamientos?

En esta era moderna, observamos cómo individuos podeross y científicos a veces juegan a ser dioses, desafiando los límites del conocimiento. En ocasiones, la ignorancia puede ser un dulce deleite en la vida, como si al conocerlo todo, perdiéramos la inocencia y la paz que brinda la simpleza de lo desconocido. Así, mientras la humanidad persiste en su búsqueda desenfrenada de comprensión, se plantea la cuestión: ¿es nuestro afán por conocer la fuente de nuestra propia perdición, o nuestra liberación?

La historia de Satanás en forma de serpiente en el Jardín del Edén es un relato lleno de misterio y simbolismo. Representa la tentación, la caída y la introducción del pecado en el mundo, así como la complejidad de las decisiones humanas. En mi opinion esto hace referencia sobre en el momento que lo humanos dejamos de actuar como animales y a cuestionar nuestro entorno y la carga que eso conlleva, el echo de no poder explicar el significado de nuestras vidas se refleja en la carga del saber. La figura de Satanás como la serpiente astuta sigue siendo un símbolo poderoso de la lucha entre el bien y el mal, la sabiduría y la tentación en la narrativa de lo paranormal.

El Libro de Enoc

Nos referimos un texto antiguo que forma parte de la literatura apócrifa y pseudepigráfica. Este libro es atribuido a Enoc, un personaje bíblico mencionado en el Génesis como un antediluviano que caminó con Dios antes de ser llevado al cielo. Sin embargo, el Libro de Enoc es considerado por muchos estudiosos como una obra que se escribió mucho después del período en el que vivió el supuesto autor.

El Libro de Enoc consta de varios componentes, siendo los más destacados el "Libro de los Vigilantes" y el "Libro de los Secretos de Enoc". Estos libros presentan una narrativa que incluye visiones, profecías y enseñanzas sobre una amplia gama de temas, incluyendo ángeles caídos, la genealogía de los gigantes, el juicio divino y la naturaleza del cosmos.

El libro contiene material único sobre los orígenes de los demonios y los nefilim, que son los hijos de los ángeles caídos y las mujeres humanas. También explica por qué el diluvio del Génesis fue necesario para castigar a los ángeles rebeldes y a sus descendientes. Además, el libro presenta una visión profética del reinado de mil años del Mesías.También ofrece una explicación sobre el origen y la naturaleza de los espíritus malignos que tentaron a la humanidad y se opusieron a Dios. El libro también influyó en la idea de que los ángeles caídos serán encadenados en el abismo hasta el día del juicio. Además, el libro inspiró a otros autores a escribir obras similares, como el segundo libro de Enoc, el tercer libro de Enoc y el libro de los jubileos.

"Libro de los Vigilantes," ofrece una narrativa detallada sobre los ángeles caídos y sus interacciones con la humanidad. Estos ángeles caídos son considerados como demonios en muchas interpretaciones y desempeñan un papel destacado en la obra. Algunos ejemplos de los ángeles caídos mencionados en el Libro de Enoc incluyen: Azazel, Semyaza, Barakel, Gadreel, Shamhazai. El Libro de Enoc ha sido objeto de debate y controversia, y su autenticidad y origen son temas en constante discusión entre los académicos. A pesar de su estatus no canónico, sigue siendo un texto de interés para aquellos que exploran el misterio, la espiritualidad y la teología en el contexto de las escrituras religiosas y la literatura antigua.

Demonología

La demonología es el estudio de los demonios, esos seres malignos que acechan en las sombras y que pueden poseer o tentar a los humanos. La demonología tiene sus orígenes en las antiguas civilizaciones, donde se creía en la existencia de espíritus buenos y malos que influían en el destino de los hombres. como hemos mencionado, Los egipcios, los griegos, los persas y los hindúes tenían sus propias mitologías sobre estos entes sobrenaturales.

Pero fue en la tradición judeo-cristiana donde la demonología cobró mayor relevancia, al considerar que los demonios eran ángeles caídos que se rebelaron contra Dios y que fueron expulsados del cielo. Durante la Edad Media y el Renacimiento, la demonología se desarrolló como una rama de la teología que intentaba clasificar y jerarquizar a los demonios, así como explicar sus orígenes, sus nombres, sus poderes y sus formas de operar. También se ocupaba de combatirlos mediante exorcismos y rituales.

Uno de los libros más influyentes de esta época fue el Malleus Maleficarum (El martillo de las brujas), escrito por dos inquisidores dominicos en 1486. Esta obra sostenía la existencia y el poder de la brujería como una amenaza para la fe católica y ofrecía métodos para reconocer y procesar a las brujas, que se suponía que pactaban con el diablo.

La demonología también tuvo un papel importante en otras religiones, como el islam, el budismo y el zoroastrismo, donde también se creía en la presencia de un ser maligno que se oponía a Dios o a la bondad. En el islam se le llama Shaytán o Iblís, en el budismo Mara y en el zoroastrismo Angra Mainyu.

Hoy en día, la demoneología sigue siendo una disciplina que fascina y aterra a muchos. Algunos la consideran una ciencia, otros una superstición. Algunos la practican como una forma de magia, otros como una forma de fe. Lo cierto es que los demonios siguen siendo un misterio que desafía nuestra razón y nuestra imaginación.

Sucubus e incubus

Los súcubos y los íncubos son seres misteriosos y seductores que han cautivado la imaginación de la humanidad durante siglos. Se les describe como demonios o espíritus que se relacionan con los sueños y la lujuria, y su origen se remonta a la Edad Media.

Estos seres, uno femenino (súcubo) y otro masculino (íncubo), han sido el foco de innumerables leyendas y relatos.

Súcubos: Los súcubos son generalmente representados como figuras femeninas de una belleza sobrenatural. Su objetivo es seducir a los hombres, a menudo en sueños, y tener relaciones sexuales con ellos. Se cree que los súcubos se alimentan de la energía sexual de sus víctimas y pueden causarles debilidad física y emocional. La idea de un encuentro con un súcubo puede ser tanto excitante como aterradora, ya que plantea cuestiones de deseo, tentación y peligro.

Íncubos: Los íncubos son la contraparte masculina de los súcubos. Se cree que buscan seducir a las mujeres en sus sueños, y se les atribuye la capacidad de tener relaciones sexuales con ellas. Como los súcubos, los íncubos se consideran seres malignos que se alimentan de la energía sexual de sus víctimas. La idea de un íncubo que acecha en la oscuridad de la noche es una fuente de misterio y temor en muchas culturas.

La creencia en súcubos e íncubos se entrelaza con la historia de la brujería y la demonología en la Edad Media. En esa época, se creía que las experiencias nocturnas de carácter sexual y erótico eran causadas por estos seres demoníacos. La Iglesia Católica y las autoridades civiles llevaron a cabo persecuciones y juicios de brujas basados en la supuesta interacción con súcubos e íncubos.

Hoy en día, estas figuras siguen siendo parte del folclore y la cultura popular, y su existencia se considera principalmente en el ámbito de lo paranormal y lo sobrenatural. Los súcubos e íncubos representan la tensión entre el deseo y el miedo, entre la atracción y el peligro, y siguen siendo elementos enigmáticos

en la rica tradición de lo misterioso y lo
desconocido.

Exorcismo

Uno de los casos mas sonados es el caso de Anneliese Michel, una joven alemana que murió en 1976 después de someterse a 67 sesiones de exorcismo durante 10 meses. Anneliese sufrió desde su adolescencia ataques de epilepsia y depresión, y se convenció de que estaba poseída por varios demonios. Algunos de los síntomas que presentaba eran alucinaciones, aversión a los objetos religiosos, autolesiones, fuerza sobrehumana y voces guturales. Los padres de Anneliese solicitaron el permiso de la Iglesia Católica para realizar un exorcismo, que fue concedido por el obispo de Würzburg. Dos sacerdotes se encargaron de practicar el ritual, que fue grabado en cintas de audio. En ellas se puede escuchar a Anneliese gritar, blasfemar, rezar y nombrar a los demonios que la atormentaban: Lucifer, Judas, Nerón, Caín, Hitler y otros.

El 1 de julio de 1976, Anneliese murió de desnutrición e inanición, pesando solo 30 kilos. Los padres y los sacerdotes fueron acusados de homicidio por negligencia y condenados a seis meses de prisión con libertad condicional.

Otro caso es el de Roland Doe, un adolescente estadounidense que inspiró la famosa película El exorcista. Roland era un chico solitario y tímido que vivía en Maryland en 1949. Tras la muerte de su tía Harriet, una espiritista que le había enseñado a usar la ouija, Roland empezó a experimentar fenómenos extraños en su casa: ruidos inexplicables, objetos que se movían solos, arañazos en las paredes y en su cuerpo. Sus padres lo llevaron a varios médicos y psiquiatras, pero no encontraron ninguna explicación lógica. Finalmente, recurrieron a la Iglesia Católica, que autorizó un exorcismo. El padre Edward Hughes fue el encargado de realizarlo, pero tuvo que interrumpirlo cuando Roland le cortó el brazo con un trozo de colchón. El caso fue trasladado a St. Louis, donde dos sacerdotes jesuitas, William Bowdern y Walter Halloran, continuaron con el exorcismo durante varias semanas. Según sus testimonios, Roland mostraba signos de posesión como levitación, cambios de voz, lenguas desconocidas y marcas en la piel con palabras como "mal" o "pecado". El 18 de abril de 1949, después de más de 30 sesiones, los sacerdotes lograron liberar a Roland del demonio con la ayuda de un crucifijo y una medalla de San Miguel Arcángel. Por ultimo tenemos uno de los más controvertidos y fascinantes en la historia de las posesiones demoníacas. Julia, una mujer de mediana edad, originaria de los Estados Unidos, trabajadora e independiente, se encontró atrapada en una lucha sobrenatural después de haber participado en varios rituales demoníacos.

Criada en una familia católica, Julia se alejó de sus creencias y se interesó en lo paranormal, llegando a relacionarse con sectas o grupos satánicos. Después de estos rituales, comenzó a sentirse atacada por fuerzas sobrenaturales y buscó ayuda en la Iglesia Católica. El Dr. Richard E. Gallagher, un reconocido y respetado psiquiatra de los Estados Unidos y profesor asociado a la Universidad Médica de Nueva York, fue contactado para evaluar a Julia. Lo que observó durante las consultas psiquiátricas y las sesiones de exorcismo estuvo fuera de toda lógica.

Julia podía hablar con perfecta fluidez lenguas extranjeras que nunca había conocido ni estudiado anteriormente. Su voz cambiaba, sonando masculina y gutural. Tenía un don impresionante de clarividencia, podía describir con exactitud lugares, enfermedades, casas, nombres y hasta situaciones de los miembros del equipo y familiares. Mostraba una fuerza sobrenatural y en el lugar del exorcismo se daban bruscos cambios de temperatura. Los objetos en la habitación e incluso los estantes volaban por todo el lugar. Pero sin duda alguna, lo más impresionante es que Julia levitaba, en una ocasión permaneció suspendida del suelo por 30 minutos continuos. Además, se ha producido un documental titulado "Juicio al diablo" que explora este caso en profundidad y presenta grabaciones reales de esta supuesta posesión demoníaca. Sin embargo, es importante tener en cuenta que aunque estos fenómenos fueron documentados por profesionales respetados, la interpretación de estos eventos es objeto de debate. Algunos creen firmemente en la realidad de las posesiones demoníacas, mientras que otros ven estos fenómenos como manifestaciones de enfermedades mentales o trastornos neurológicos.

Por lo tanto, aunque hay pruebas documentadas del caso de Julia, si estas pruebas son evidencia de una verdadera posesión demoníaca o no depende en gran medida de las creencias personales del individuo. Este caso desafía nuestra comprensión del mundo y nos lleva a cuestionar la delgada línea que separa lo natural de lo sobrenatural. ¿Qué misterios aún nos esperan en las sombras? Solo el tiempo lo dirá.

Archivos Secretros Del Vaticano

Como investigador del mundo paranormal, es imposible no sentir fascinación por los enigmáticos "Archivos Secretos del Vaticano", conocidos formalmente como los "Archivos Apostólicos Vaticanos". Estos archivos contienen una vasta cantidad de documentos históricos, correspondencia papal y registros de la Iglesia Católica que datan de siglos atrás, y su acceso está restringido al público.

Los Archivos Secretos del Vaticano son célebres por su hermetismo y por albergar una riqueza de información que ha intrigado a los investigadores paranormales durante décadas. Entre esta vasta colección de documentos históricos, hay casos y eventos que desafían cualquier explicación lógica. Aunque es difícil acceder a estos archivos, ha habido filtraciones y relatos que sugieren la presencia de pruebas sólidas de sucesos paranormales y fenómenos inexplicables.

Uno de los casos más destacados es el del "Demonio de Loudun". es uno de los más famosos y aterradores en la historia de las posesiones demoníacas. Todo comenzó en 1634 en la pequeña ciudad francesa de Loudun[1]. Las monjas ursulinas del convento local comenzaron a mostrar signos de posesión demoníaca[1]. Urbain Grandier, el párroco de St-Pierre-du-Marche en Loudun, fue acusado de ser el responsable de estas posesiones[1]. Grandier era un hombre atractivo y refinado que había tenido relaciones con varias mujeres de la localidad. Debido a su comportamiento, Grandier tenía numerosos enemigos en la ciudad de Loudun. En 1629, Grandier tuvo un enfrentamiento con Jacques de Thibault, agente del cardenal Richelieu, que llegó a golpear al párroco. Grandier marchó a París para denunciar a Thibault ante el rey Luis XIII; a su vez, sus enemigos lo acusaron de inmoralidad ante su superior eclesiástico, el obispo de Poitiers, Henri-Louis Chasteignier de la Rochepozay.

En Loudun se llevó a cabo una investigación acerca de la conducta de Grandier, dirigida por uno de sus principales enemigos, el fiscal Louis Trincant. El 15 de noviembre de 1629, Grandier fue puesto bajo arresto en Poitiers por orden del obispo. El 3 de marzo de 1630, fue condenado a abstenerse de ejercer sus funciones eclesiásticas durante cinco años en la diócesis de Poitiers, y durante el resto de su vida en la ciudad de Loudun.

El convento de monjas ursulinas de Loudun había sido fundado en 1626. Desde el año siguiente, su superiora era la madre Juana de los Ángeles[1]. En 1634, vivían en el convento diecisiete monjas, incluida la superiora. La superiora había solicitado a Grandier que se convirtiese en el confesor de las monjas, pero Grandier había rechazado su requerimiento. Tras el rechazo de Grandier, aceptó el cargo el canónigo Mignon, rival de este en la carrera eclesiástica. Las monjas del convento de las Ursulinas de Loudun afirmaron estar poseídas por demonios y acusaron al sacerdote Grandier de ser responsable de sus posesiones. Este escándalo atrajo la atención de la Iglesia y las autoridades civiles, y Grandier fue sometido a un juicio que fue en gran parte influenciado por la histeria colectiva y la política de la época.

Finalmente, Urbain Grandier fue acusado de brujería y condenado a morir en la hoguera. Antes de ello, le rompieron las piernas. El párroco murió en la hoguera, el 18 de agosto de 1634, a los 44 años. Este caso ha sido tan impactante que ha inspirado numerosas obras literarias y cinematográficas. Aldous Huxley publicó una novela basada en este hecho real llamada "Los demonios de Loudun" en 1952. La historia es un examen detallado sobre los acontecimientos ocurridos donde Urbain Grandier fue acusado y condenado por brujería y seducción hacia las monjas del convento. Los registros históricos y documentos de la Iglesia de esa época, que se encuentran en los Archivos Secretos del Vaticano, detallan los exorcismos y eventos sobrenaturales que dejaron perplejos a los testigos. Los investigadores paranormales sugieren que estos registros son una prueba sólida de la existencia de fenómenos paranormal.

Además del "Demonio de Loudun," los Archivos Secretos también han sido vinculados a eventos milagrosos, profecías y revelaciones místicas que, según algunos, carecen de explicación lógica. Estos documentos antiguos han alimentado la imaginación de aquellos que buscan respuestas en el mundo paranormal y han llevado a la especulación sobre el conocimiento oculto y secretos custodiados por la Iglesia Católica. Si bien la Iglesia ha avanzado en la apertura de algunos de estos archivos, gran parte de su contenido sigue siendo un misterio.

Demonios

Ya que he captado tu atención, permíteme advertirte: no hay vuelta atrás. Tu mente está a punto de abrir una puerta que quizás le cueste cerrar. En las páginas de este diccionario ilustrativo, te presentaré una galería de entidades demoníacas como nunca antes las has visto. Acompañadas de ilustraciones vívidas y la información más completa, estas criaturas malévolas te transportarán a un mundo de misterio y oscuridad. Cada demonio es un enigma, una manifestación de lo siniestro en su forma más intrigante. Prepárate para adentrarte en un abismo de conocimiento y terror, donde la curiosidad te guiará por los senderos más profundos del pánico... ---...

Aamon: también conocido como Amon en las sombrías crónicas demoníacas, se alza como un marqués en los reinos infernales, dirigiendo a cuarenta legiones de entidades siniestras. Su dominio abarca las fronteras del tiempo, ya que posee la facultad de desentrañar los secretos del pasado y prever los destinos futuros, como un guardián de las sombras que desenreda los hilos del tiempo. En la jerarquía demoníaca, se le considera un fiel servidor de Astaroth y se alza como uno de los pilares de lealtad en el servicio de Satanachia. Su nombre, "Aamon," susurra promesas de riqueza y codicia, atrayendo a aquellos con un insaciable apetito por el poder y los bienes materiales. Este demonio se encuentra intrínsecamente ligado al pecado capital de la ira.

Aamon gobierna los pactos infernales, otorgando a aquellos que han sellado acuerdos con el mismísimo Satanás el don de vislumbrar el destino y la verdadera naturaleza de sus aliados y enemigos. Sus manifestaciones son cambiantes y escurridizas.

Apareciendo en ocasiones como un hombre con cabeza de búho o como una criatura híbrida con cabeza de lobo y cola de serpiente. Otras veces, toma la forma de un lobo que exhala fuego por su boca o un ser con cabeza de cuervo y dientes de perro. Su figura se desdibuja en la penumbra, siempre en constante transformación, envuelta en un manto de misterio y oscuridad.

Se especula que su origen puede hallarse en las deidades egipcias, particularmente en el dios Amón, cuyo nombre arrastra la pesada carga de la opresión sufrida por el pueblo judío bajo el yugo del antiguo Imperio egipcio. Además, Aamon se asocia de manera inquietante con Ba'al Hammon, la deidad cartaginesa cuyo nombre evoca ominosamente "Aquel que incita a la ira y el asesinato." Estas connotaciones solo sirven para avivar el temor que suscita.

Abalám (Abalán): Príncipe del infierno, poco conocido y perteneciente a la corte y séquito del rey Paymón. Presenta la figura de una mujer coronada de una diadema centelleante de piedras preciosas. Comanda doscientas legiones de ángeles rebeldes y de fuerzas infernales.

Abadón: Abadón, cuyo nombre también resuena en griego como Apolión, es una figura enigmática que se encuentra en las páginas de la Biblia, un ser que transita entre los dominios de lo divino y lo infernal. Su misterio se entrelaza con dos significados fundamentales. En el Antiguo Testamento, Abadón se describe como un abismo insondable, un oscuro abismo que generalmente se asocia con el mundo de los muertos, el Sheol. Este concepto arroja un manto de sombras sobre el umbral entre la vida y la muerte, un lugar donde los secretos del más allá permanecen ocultos.

Sin embargo, en el libro del Apocalipsis en el Nuevo Testamento, Abadón toma una forma diferente. Aquí, se le menciona como el líder de un ejército de langostas apocalípticas, un ángel de gran poder. En el texto, su nombre es transcrito del hebreo a caracteres griegos, revelando: "cuyo nombre en hebreo es Abadón," para después traducirlo como "el cual en griego se interpreta Apolión."

La Vulgata agrega una nota innecesaria, que en latín se traduce como "Destructor." La dualidad de Abadón es intrigante: algunos lo ven como uno de los generales más importantes en el Imperio de las Tinieblas, mientras que otros lo consideran un representante divino, poseedor de la llave del abismo y líder de la plaga de langostas que será desatada sobre los enemigos de Dios al Final de los Tiempos. Sus verdaderas intenciones y su papel en el tapiz cósmico permanecen envueltos en el misterio, desafiando todo intento de comprensión completa.

Abadón

Abducius: Demonio que desarraigaba árboles enormes y aplastaba a los hombres con ellos.

Abduxuel: Uno de los demonios gobernantes de las mansiones lunares, de acuerdo a la tradición de Enoch.

Abrahel: Demonio que se dedica a seducir a los pobres de espíritu, especialmente campesinos y gente de escasa instrucción, tomando siempre la apariencia de una bellísima y dispuesta mujer; su fin es reclutar adoradores del Diablo en la Tierra.

Acatriel: Uno de los tres príncipes de los buenos demonios (en la cábala hebrea, que admite demonios de dos clases).

Acham: Demonio de orden inferior, que se conjura los jueves.

Aclahayir: Genio y espíritu de la cuarta hora del Nuctemeron.

Adonis (Adón, Dumuzi y Tammuz) 'señor', 'amo': Demonio fenicio piromaníaco que preside los incendios.

Adirael : Demonio bajo el mando de Belzebub. Adriel: Uno de los demonios de las mansiones de la Luna, de acuerdo con la tradición enochiana.

Af: Demonio menor en la mitología hebrea, con cabeza de carnero; es originario de Nubia y Abisinia.

Agagliareth, también conocido como Agaliarept y Agliaret: Gran general del infierno, comandante de la segunda legión; posee el poder de descubrir todos los secretos, y domina en Europa y en Asia Menor. Manda sobre Buer, Gusoyn y Botis.

Agares: Emerge como un poderoso duque del inframundo, gobernando con mano firme sobre treinta y una legiones de demonios. No siempre fue un habitante de estas tenebrosas tierras, pues en sus días anteriores a la rebelión, pertenecía a la orden de las Virtudes, una historia que atestigua la profundidad de la caída de los ángeles rebeldes. Las habilidades de Agares son tan insondables como los abismos que habita. Posee el don de hacer que los fugitivos regresen, desencadenar terremotos que sacuden los cimientos de la realidad y enseñar lenguas olvidadas, revelando un peculiar placer en difundir expresiones inmorales y prohibidas.

Las habilidades de Agares son tan insondables como los abismos que habita. Posee el don de hacer que los fugitivos regresen, desencadenar terremotos que sacuden los cimientos de la realidad y enseñar lenguas olvidadas, revelando un peculiar placer en difundir expresiones inmorales y prohibidas. Los grimorios, como el Ars Goetia y el Pseudomonarchia daemonum, han inmortalizado su nombre en las crónicas de lo sobrenatural. Su forma se manifiesta como la de un anciano que cabalga sobre un cocodrilo, con un halcón majestuoso posado en su puño. Se rumorea que Agares se encuentra bajo el mando de Lucífugo Rofocale, un detalle que arroja más enigmas sobre su naturaleza y su papel en los oscuros designios del inframundo.

Sello de Agares

Agatión, también conocido como Agathión o Agazión: Demonio familiar que sólo se presenta al mediodía; aparece en forma humana o de animal doméstico y, en ocasiones, se deja encerrar en un talismán, botella o círculo mágico para mejor servir a quienes lo invocan, pese a que su poder es muy limitado.

Agnan, también conocido como Agnián, Añá y Añán: Espíritu malvado de los tupinambás , en Brasil; se le atribuía el poder de sacar a los muertos de la sepultura, si los parientes no dejaban ofrendas. Torturaba a los humanos y se le podía ver en cualquier lugar bajo diferentes formas.

Agramón: Demonio del miedo.

Ahazu, el Aferrador: Demonio babilónico que provocaba las enfermedades; espíritu de la noche.

Ahpuch, también conocido como Ah Puch, Yum-Cimil, Mitnal y Hunhau: Demonio maya. Tenebroso dios de la muerte, representado en forma de cadáver parcialmente putrefacto, con el esqueleto y el cráneo visibles; en otras ocasiones, se lo ve en forma de hombre con cabeza de búho. Preside el Mitnal (noveno y más profundo de los mundos inferiores); los mayas creen que viajaba por las casas de las personas enfermas, buscando nuevas víctimas.

Ahpuch, también conocido como Ah Puch, Yum-Cimil, Mitnal y Hunhau: Demonio maya. Tenebroso dios de la muerte, representado en forma de cadáver parcialmente putrefacto, con el esqueleto y el cráneo visibles; en otras ocasiones, se lo ve en forma de hombre con cabeza de búho Preside el Mitnal (noveno y más profundo de los mundos inferiores); los mayas creen que viajaba por las casas de las personas enfermas, buscando nuevas víctimas.

Akibel, también conocido como Akikel: Uno de los 200 ángeles que, bajo el mando de Azazel, corrompió y enseñó a los humanos los signos de la Cábala.

Al Rinach, también conocido como Alrinach, Albinach y Aldinach: Demonio de Occidente (Egipto) que preside las tormentas, los terremotos, las lluvias, las granizadas y los maremotos; a menudo hunde los navíos, y se deja ver en figura de mujer.

Alecto: Una de las tres azotantes Furias griegas del Tártaro.Las Furias son entidades femeninas que habitan en el Tártaro y están asociadas con la venganza y el castigo.

Alocer: también conocido bajo las variadas formas de Allocen, Alloces, , se alza como un enigmático demonio cuyos registros se entrelazan en los canales de la demonología. Este ser, mencionado en grimorios que exploran las profundidades del inframundo, como el Liber Officiorum Spirituum, la Pseudomonarchia daemonum y la Lemegeton Clavicula Salomonis, despierta curiosidad y temor por igual.

En el Lemegeton Clavicula Salomonis, Alocer se erige como el quincuagésimo segundo espíritu, mientras que en la Pseudomonarchia Daemonum es catalogado como el sexagésimo tercer espíritu, un gran duque del averno. Su apariencia es asombrosa, adoptando la forma de un soldado con cabeza de león, cuyos rugidos despiertan llamas y cabalga con majestuosidad, a menudo sobre patas de dragón. Sus misteriosos deberes abarcan la enseñanza de la astronomía y las artes liberales, así como la concesión de familiares. Se rumorea que lidera 36 legiones de demonios a su merced. En el Liber Officiorum Spirituum, Alocer se presenta como Allogor o Algor, una vez más bajo el título de gran duque, aunque con una apariencia y habilidades completamente diferentes.

Aquí se manifiesta como un caballero con lanza, ofreciendo respuestas a las preguntas más profundas y consejos astutos para planes maquiavélicos. Solo treinta legiones de demonios se inclinan ante su autoridad. Alocer se muestra vestido de caballero, montado en un enorme caballo; su figura recuerda los rasgos del león; tiene la tez inflamada, los ojos de fuego; habla gravemente. Se dice que hace felices a los que protege en sus familias". Un ser enigmático y complejo, Alocer sigue desconcertando y atrayendo a aquellos que se aventuran en su misterioso dominio.

Sello de Alocer

Algol: En las oscuras páginas de la astrología árabe, Algol emerge como un intrigante espíritu. Este demonio celestial, asociado con las estrellas más tenebrosas, cautiva la atención de los astrólogos orientales que buscan descifrar sus misterios cósmicos. Su influencia se teje en los hilos del destino, sugiriendo un poder enigmático que despierta la fascinación de aquellos que exploran los secretos del firmamento.

Allatou: Personifica la tentación y la seducción. Es la consorte de Nergal, y su presencia susurra en los oídos de mortales, instigándolos hacia caminos moralmente ambiguos. Allatou se convierte en la sombra que envuelve los deseos más oscuros, llevando a cabo su papel sutil pero persuasivo en la trama de la moral y la inmoralidad.

Alpiel: Se manifiesta como un demonio de modesta categoría, su carácter indolente y bucólico se entrelaza con la esencia de la protección de los árboles frutales. Este ser, aunque puede parecer menos imponente en comparación con sus contrapartes infernales, demuestra que incluso en los reinos oscuros hay entidades que encuentran su propósito en la custodia de la naturaleza y sus dones.

Alricaus: La oscura danza de las invocaciones alcanza su clímax los sábados, cuando Alricaus, un demonio estratégico, emerge para liderar a las legiones infernales bajo su mando. Jefe de guerra y sabio, Alricaus domina sobre 22 legiones de diablos. Su don para enseñar lógica y psicología a aquellos que le sirven revela una faceta inusualmente educativa entre los demonios, desafiando las expectativas y sumergiendo a quienes lo invocan en un aprendizaje infernal.

Aluca: La figura enigmática de Aluca, también reconocida como Alouqua, se presenta como un súcubo envuelto en sombras. Este demonio femenino, poseedor de una naturaleza vampírica, se deleita en agotar a los hombres, insinuando sus oscuros encantos para llevarlos al límite. Su influencia nefasta conduce a sus víctimas hacia un abismo de desesperación, guiándolos hacia el trágico destino del suicidio. Alukah: Entre los entes infernales que se deslizan entre los pliegues de la mitología hebrea, surge la figura inquietante de Alukah, con sus raíces en la antigua Babilonia. Este ser, que se cierne en la oscuridad de la noche, se alimenta de la esencia vital de aquellos que duermen desprevenidos. Chupando la sangre de sus víctimas, Alukah tejía una telaraña de misterio y terror, dejando un rastro de angustia en su estela nocturna.

Amane: En el panteón de la rebelión celestial, Amane emerge como uno de los 200 ángeles que desafiaron la voluntad divina bajo la dirección de Samyaza. Su descenso a la Tierra marcó un giro trascendental al unirse a los hombres, compartiendo con ellos las ciencias vetadas por lo divino. Amane se convirtió en el portador de conocimientos prohibidos, desafiando los límites establecidos y sembrando las semillas de la rebeldía.

Amazarac: Uno de los 200 ángeles rebeldes que descendió del Cielo y enseño a los humanos todos los secretos de la hechicería y los encantamientos.

Amdusias: En los oscuros recovecos de la demonología, emerge Amdusias, un enigmático ser que ostenta el título de Gran Duque y comanda treinta legiones de leales seguidores (aunque algunos autores sugieren que son 29). Su apariencia es tan desconcertante como su poder, pues se le describe como un humano con garras en lugar de manos y pies la cabeza de un unicornio que se alza majestuosamente. Pero lo más intrigante es su trompeta, símbolo de su voz, una voz que se dice es tan potente que puede desencadenar tormentas.

Amdusias se encuentra vinculado al trueno, y se cuenta que su voz retumba en el fragor de las tormentas. Según las antiguas leyendas, este demonio, al ser convocado, puede ofrecer conciertos musicales de otro mundo, aunque nadie podrá presenciar su presencia. Su música, acompañada por el sonido de trompetas, es capaz de curvar los árboles a su antojo, creando una sinfonía que resuena en el reino de lo sobrenatural. En el laberinto de la demonología, Amdusias se alza como un misterio que aguarda a aquellos valientes o insensatos que se aventuran a invocar su poder. Su legado se inscribe en la Pseudomonarchia Daemonum de Johann Weyer (1583), una crónica de seres oscuros que, como Amdusias, siguen intrigando y seduciendo a quienes se atreven a explorar su enigmático dominio.

Sello de Amdusias

Amoymon, también conocido como Amaimon y Amoimon: es un rey infernal y príncipe en la jerarquía demoníaca oriental. Se le convoca en dos intervalos: por la mañana, de 9 a 12, y por la tarde, de 15 a 18 horas. Se manifiesta rodeado de llamas y posee conocimientos en astrología y artes liberales. Además, es capaz de revelar tesoros ocultos por otros demonios a sus seguidores. Comanda a 36 legiones de ángeles caídos y Potencias, y tiene como lugarteniente a Asmoda (o Asmodeo), el primer príncipe de sus dominios.

Anamelech, también conocido como Anamalech: Su nombre significa 'buen rey'. Es un demonio oscuro, portador de malas noticias; cuando se hace visible, adopta la forma de una perdiz, suele mostrar su presencia arrojando objetos como balines de plata o monedas. Se le puede oír susurrar por las noches las malas nuevas que lleva. Es augurio de castigo divino por ofensas o mentiras para beneficio propio. Era adorado en Sefaraim (Asiria). Algunos estudiosos de demonología sostienen que este diablo es la Luna, como Adramelek es el Sol.

Anazareth, también conocido como Anazarel: Demonio encargado de la custodia de los tesoros subterráneos; junto a Gaziel y Fecor, conmueve los cimientos de las casas, provoca las tempestades, toca las campanas a medianoche, hace aparecer espectros e inspira terrores nocturnos. Su estigma es que no puede conocer el amor.

Andromalius: Conde infernal que puede devolver tanto al ladrón como los bienes robados, castigar a los ladrones y otras personas malvadas y descubrir tesoros ocultos.

Aneberg, también conocido como Anabergo y Anneberg: Demonio alemán, con aspecto de macho cabrío con cuernos de oro, o bien como un gigantesco caballo con un gran cuello, que vive bajo tierra y carece de todo rasgo amable; es el terror de los mineros, ya que muchos de ellos mueren al contacto con su espantoso aliento.

Anubis: Dios egipcio de la muerte y amo del infierno (V dinastía), hijo de Set y Nephtys, con cabeza de chacal o de gavilán. Patrón de los embalsamadores, conducía las almas para ser sentenciadas en juicio respecto de su futuro.

Any: Entre las sombras del inframundo, Any se alza como el demonio que preside sobre los reinos infernales. Su figura imponente y su dominio sobre las almas condenadas lo convierten en una entidad temida, gobernando con autoridad sobre el tormento y la perdición.

Aqueronte: En la mitología griega, Aqueronte se erige como un demonio-río que fluye a través de los infiernos. Este cauce maldito posee una peculiaridad única: nadie tiene el privilegio de cruzar sus aguas más de una vez. Aqueronte se convierte así en la barrera infranqueable que separa el mundo de los vivos del oscuro reino de los muertos, imponiendo su ley con implacable rigor.

Aquiel: Emerge como un demonio invocado en los ritos sombríos de los domingos a la medianoche, preferiblemente en lugares desiertos. Este ser infernal exige la oscuridad de la luna nueva o la cubierta celestial de nubarrones como telón de fondo para su conjuro. A cambio de su presencia, Aquiel solicita una ofrenda singular: un pelo arrancado de la cabeza, simbolizando un pacto tenebroso y una conexión con los secretos más oscuros del inframundo.

Arachula: En los aires impregnados de maldad, Arachula se manifiesta como un espíritu maligno que danza entre las corrientes del viento.

Araic, también conocido como Arakho: Entre las leyendas sombrías, Araic se yergue como un demonio que desafía los límites del tiempo. Conocido también como Arakho, este ser infernal se sumerge en la batalla épica contra el Sol y la Luna. Su misión nefasta se centra en apoderarse del elixir divino, el vino de la inmortalidad, desencadenando conflictos cósmicos mientras busca privar a la eternidad de su néctar divino. En este enfrentamiento celestial, Araic teje una historia de luchas cósmicas y ambiciones diabólicas.

Ardad: Surge como un guía siniestro que acecha entre las sombras. Este demonio, con astucia y malicia, se convierte en el conductor de los viajeros extraviados, llevándolos por senderos tortuosos hacia destinos desconocidos. Su influencia se siente en los momentos de confusión y desorientación, donde su presencia se manifiesta como una sombra traicionera que dirige a los perdidos hacia terrenos desconocidos y peligrosos.

Ariel: En la mitología hebrea, espíritu demoníaco del aire (más específicamente de los vientos). En el del islamismo, arcángel de Dios, identificado como un hombre con cara de león. Arioc: En el firmamento demoníaco de las venganzas, Arioc se yergue como un ente implacable. Este demonio, tejido en las sombras de la mitología, encarna la esencia misma de la venganza. En su presencia, la ira se convierte en un arte oscuro y la retribución en una danza siniestra. Como ejecutor de la venganza, Arioc despierta en las profundidades de la conciencia humana, recordándonos las consecuencias de cruzar ciertos límites y desencadenar las fuerzas más oscuras de la represalia infernal.

Arioch: Uno de los ángeles caídos que fue castigado por seguir la rebelión de Satanás.

Asmodeo: Este demonio se teje con hilos de lujuria y misterio. En el Libro de Tobit, se despliega como un demonio sediento de venganza, desgarrando el lazo matrimonial durante siete noches de bodas. Sin embargo, surge un rayo de esperanza en la figura de Tobías, quien, con la guía del arcángel Rafael, desata un intrigante enfrentamiento. ¿El arma elegida? Un pez, cuyas entrañas al rojo vivo provocan un humo que Ahogarían al propio demonio.

En las leyendas judías, Asmodeo adquiere un matiz distinto. Se le describe como un personaje inmerso en un pacto con el rey Salomón, destinado a construir el majestuoso Templo de Jerusalén. Otras narrativas lo llevan a asumir la identidad de Salomón durante años, creando una maraña de misterio que abarca diferentes dimensiones. Un rey entre los demonios, un amante desterrado y la figura que da origen a innumerables proles de demonios danzan en las sombras de su mitología. También se le atribuye la paternidad del mago Merlín, quien a menudo se sumerge en relatos de ocultismo y magia. Y en el escenario más sombrío de la Edad Media, Asmodeo es señalado como el arquitecto de la lujuria, encarnando uno de los siete pecados capitales. Una figura intrigante en la vasta panoplia de los demonios, Asmodeo emana un aura de misterio que se retuerce a través de los tiempos y las culturas, perdurando en los oscuros recovecos de la mitología.

Asmoug, también conocido como Aschmog: Demonio de Persia, que siembra las disensiones, querellas y pleitos, bajo las órdenes de Ahrimán; se representaba como una serpiente infernal con dos patas, que produce todos los animales venenosos.

Astaroth: La enigmática figura de Astaroth se despliega como un rompecabezas oscuro y seductor. En los terrenos de la demonología, se alza como el Gran Duque del Infierno, una sombría trinidad compartida con Belcebú y Lucifer. La misteriosa conexión con la diosa Astarté del Próximo Oriente agrega un velo de intriga a su identidad.

Su relato se entrelaza con la traición y la caída, una vez un serafín y Príncipe de la Orden de los Tronos, cuyo descenso al abismo desencadenó una tormenta de controversias. ¿Fue su caída forjada por la tentación humana o un oscuro designio de los reinos superiores? La pregunta persiste como un eco en los recovecos del misterio. A pesar de su descenso a la oscuridad, Astaroth susurra con una voz impoluta, afirmando su pureza en un mar de pecado y engaño, desafiando las convenciones de su propia caída.

Según el Pseudomonarchia Daemonum (1577), aparece en la forma de un ángel infecto, sentado en un dragón infernal y llevando una víbora en su mano izquierda. Se indica que el invocador debe acercarse con un anillo mágico para soportar su aliento pestilente. En la edición ilustrada del Diccionario Infernal

(1818), aparece como un hombre desnudo con alas con plumas, coronado, sosteniendo una serpiente en una mano y montando una criatura con alas de dragón y cola de serpiente. los demonólogos del siglo xvi, sus ataques contra los hombres son más poderosos en agosto.

Su adversario es San Bartolomé, quien protege de él ya que resistió sus tentaciones. Para otros, enseña matemáticas y artesanías, puede hacer invisibles a los hombres, llevarlos a tesoros ocultos y responder cualquier pregunta que se le formule. También se decía que podía otorgar a los mortales poderes sobre las serpientes. Según Francis Barret (d. C.

1801), es el príncipe de los acusadores e inquisidores.

Sello de Astaroth

Astarté, también conocida como Baalit, Astartea, Estarot y Diana: Reina de los espíritus de la muerte y esposa de Astaroth; preside los placeres del amor, su figura tiene cabeza de ternero con cuernos, y una cruz en la mano. Tuvo dos hijos: el Deseo y el Amor.

Athatriel: Ángel caído, condenado por no estar de acuerdo ni con Dios ni con Luzbel.

Até: Divinidad maléfica griega, hija de Zeus y Eris (la discordia); personificaba la venganza, la injusticia, la perversidad, la fatalidad, el mal como condición humana o el arrebato y el extravío de la irreflexión. Habitaba en el Olimpo, pero fue expulsada por sembrar la discordia; sutil y voladora, no tocaba el suelo, vagando siempre a la altura de las cabezas de los hombres para inspirarles el mal, y su carácter abstracto y vengativo recuerda el de Erinys y Némesis.

Átropos: La mayor de las tres Parcas (o Moiras) griegas, hijas de Zeus y Temis, las cuales regían el destino de los mortales. Átropos se encargaba de cortar el hilo de la vida.

Avang Dhu: Su nombre significa 'castor negro'. Es un demonio celta, destructor de la obra del demiurgo (Poder creador universal), representado en la forma de un dragón.

Azaradel: Uno de los demonios bajo el mando de Samael, Azazel y Samyaza, que ilustró a los seres humanos sobre el conocimiento de la Luna y su influencia sobre la Creación.

Azahel: Demonio atractivo y seductor, que enseñó a las mujeres el arte de maquillarse y la cosmética en general. Fue uno de los ángeles que se rebelaron contra Dios, bajo el mando de Azazel y Samyaza. Se dice que está encadenado sobre piedras puntiagudas en un lugar oscuro del desierto, esperando el Juicio Final.

Azazel: Un nombre que resuena en las páginas de antiguos rituales y escrituras. En el contexto bíblico, se entrelaza con el misterioso rito del Día de la Expiación, donde dos machos cabríos son elegidos, uno para Yavé y otro para Azazel. Este nombre evoca un simbolismo intrigante.

Dentro de algunas tradiciones del Judaísmo y del Cristianismo, Azazel se convierte en un ángel caído, un ser cuya historia se entrelaza con la caída de los ángeles rebeldes y el destierro al inframundo. No obstante, en las interpretaciones rabínicas, no representa a una entidad, sino que se traduce de manera literal como "El señor de los leones," lo que sugiere una conexión profunda con el macho cabrío enviado al desierto durante el Día de la Expiación. Este cabrío lleva consigo los pecados del pueblo, purificando el Tabernáculo y, en última instancia, tejiendo un tapiz de misterio alrededor de Azazel.

Azebel: Demonio de segundo orden de la mitología hebrea.

Azhi Dahaka, también llamado, Azi Dahak, Dahaka y Dahak: Figura demoníaca de la Persia zoroástrica.

Azlat: Demonio de la mitología hebrea.

Azrael, también conocido como Ezrael, Izra'il, Izrafil, Abu-Jahia y Abou-Jaria: En el islamismo, el Ángel de la muerte; demonio hebreo cuya categoría es de Arcángel. Fue el lugarteniente de Lucifer durante la rebelión; está cubierto con un millón de velos, es más grande que los cielos, y el mundo se encuentra en sus manos como un plato, del que puede comer cuanto quiere. Tiene cuatro caras: una adelante, otra arriba de la cabeza, otra detrás, y la última debajo de los pies, posee cuatro alas y su cuerpo está cubierto de innumerables ojos: cada vez que cierra uno, muere un ser humano.

Baal, también conocido como Beel y Bel: Divinidad (probablemente el sol) de varios pueblos situados en Asia Menor y su influencia: fenicios, caldeos, babilonios, sidonios e israelitas. Tiene el poder de hacer invisible a quienes lo convocan y puede volver a un hombre en un sabio.

Bael: el intrigante rey del inframundo, cuyo nombre resuena en los sombríos recovecos de la mitología y demonología. Se alza como el primero entre los monarcas del averno, una potencia infernal citada en ancestrales grimorios como el Ars Goetia y el Pseudomonarchia daemonum.

Bael encarna el poder del Oriente, una figura que evoca reminiscencias del antiguo Baal. Durante eras, Bael ha sido el asistente personal de Satanás, un cargo que lo coloca en la cúspide Su reinado se extiende sobre legiones de demonios, con números que varían según las fuentes, oscilando entre 66 y 72 legiones, con un total impresionante de 456,000 demonios bajo su mando. Se susurra que su poder se intensifica en el mes de octubre, alcanzando su apogeo en la festividad de Samhain, cuando los velos entre los mundos se desdibujan.

Sello de Bael

A pesar de su naturaleza demoníaca, Bael se caracteriza por su sabiduría y franqueza. Su personalidad, sobria y directa, sorprende por su amigable perspicacia, y aunque no miente, su misterio permanece insondable. El rey del inframundo, una figura enigmática que provoca fascinación y temor en igual medida.

Bael

Baalcefón, también conocido como Baalzephon, Balcefón y Baal-Sefón: Divinidad de origen egipcio. Capitán de las guardias y centinelas del infierno; a posteriori se encargó de la fidelidad de los esclavos.

Baalzebub: Dios fenicio de los oráculos; demonio de segunda categoría.

Baco, también conocido como Iacco: Su nombre procede del término indoeuropeo que originó al sánscrito baksha ('devorar'); del griego bakchos, por ser el símbolo del fuego que devora los sacrificios. . Suele presidir el Sabbath.

Bacon: Se le conoce como el demonio de los celos; de mal natural y carácter resentido, es el que siembra la discordia entre amantes.

Bahaman: Este demonio, a diferencia de sus congéneres que siembran caos, se erige como un pacificador en el reino de las emociones desbordantes. Su esencia yace en apaciguar la cólera que consume a las almas atormentadas.

Baltazo: Demonio íncubo de gran seducción, sólo se sabe de él que posee a las mujeres para tener relaciones sexuales, pues no se le conoce otra ocupación.

Baphomet: una figura que ha estado envuelta en misterio y controversia , es un nombre que, solo al ser pronunciado, puede enviar escalofríos por la columna vertebral de aquellos que se aventuran en su oscuro dominio.

Representado como una criatura grotesca, a menudo descrita como un ser híbrido entre una cabra y un humano, con alas y cuernos retorcidos que se alzan hacia el cielo, Baphomet encarna lo macabro y lo desconocido. Aunque su origen es incierto y se ha entrelazado con leyendas y mitos a lo largo de los tiempos, Baphomet ha llegado a simbolizar lo oculto y lo hermético. En la cultura popular, su imagen aterradora se asocia comúnmente con el satanismo y los cultos demoníacos. Sus ojos, a menudo descritos como miradas penetrantes y desafiantes, parecen leer las almas de aquellos que lo observan, dejando una sensación inquietante de que Baphomet es mucho más que una simple representación.

Este nombre, casi susurrado en círculos esotéricos, ha sido motivo de interminables debates y especulaciones que envuelven a la figura en un velo de misterio aún más denso. Entre las teorías que se entrelazan como hebras de un conjuro, algunos sugieren que "Baphomet" es una palabra arcanamente cifrada, mientras que otros postulan la posibilidad de que sea un intrincado anagrama que encierra significados profundos, solo desentrañables por mentes iniciadas en los secretos más oscuros. incluso el nombre en sí, "Baphomet", ha sido objeto de especulación y teorías conspiratorias, añadiendo una capa de misterio a esta entidad. Algunos afirman que se trata de una palabra cifrada o anagrama con significados ocultos y profundos. Sea cual sea la verdad detrás de Baphomet, su imagen perdura en el reino del terror y lo desconocido, lo que invita a los curiosos a adentrarse en las sombras y explorar lo que yace más allá del umbral de la realidad.

Barbatos: Uno de los tres demonios ayudantes de Astaroth.

Barbelo: Demonio de gran poderío. Disfruta dominando a los hombres y explota sus debilidades, como la lujuria y los celos.

Barbudo, también conocido como Barqu y Barbu: Demonio poseedor del secreto de la piedra filosofal, que se aparece bajo la forma humana, con la cara cubierta por una blanca y descomunal barba.

Barkai: Demonio de jerarquía menor; conoce los secretos de los astros: fue el maestro de los astrólogos.

Barón: Su nombre deriva del celta baran o barwn, 'Señor'). Es un demonio al que se le ofrendaban las manos y los corazones de los niños sacrificados. Gilles de Rais era un adepto al demonio, del que obtendría la receta para la Piedra Filosofal.

Barrabam, también conocido como Barrabás: Demonio de categoría que era frecuente grabar su nombre en anillos mágicos y amuletos.

Batscumbasa, también conocido como Batscun Bassa y Batscum-Pacha: Demonio turco que se invoca para atraer el buen tiempo o las lluvias; le gusta mucho el pan, que no consigue en el infierno, por lo que hay que ofrecerle buenas cantidades para atraerse su voluntad.

Bayemón: Rey en Occidente, cuyo nombre aparece en ciertos grimorios; tiene poder sobre Passiel y Rosus.

Bebal, también conocido como Babeal y Babael: Demonio que ostenta el grado de príncipe, y se desempeña como el guardián de las tumbas.

Bechard: Señor de los vientos y las tempestades; produce la caída del granizo, la lluvia y difumina los truenos, por el poder de un maleficio que contiene sapos machacados entre otros elementos.

Bechet: Demonio del viernes, cuya predilección son las nueces; es un espíritu nocturno.

Behemot: Demonio de la mitología hebrea, enemigo de Leviatán que se enfrentaron al principio de los tiempos y han de ser destruidos por Dios antes de que acaben con su Creación. También se dice que batallarán el día del Juicio Final.

Bel: Divinidad suprema de la teogonía caldeo-babilónica, transformado en un demonio cuya voz tiene un sonido retumbante muy particular.

Belcebú: el señor de las moscas, es una entidad demoníaca que se alza en el panteón de lo oscuro y lo aterrador. Su nombre solo parece llevar consigo una sensación de horror, como si invocarlo pudiera atraer la maldición sobre quien se atreva a pronunciarlo. Su origen se encuentra en el demonio filisteo Baal-Zebub, un ídolo pagano asociado con la enfermedad y la desgracia. Belcebú, en su forma demoníaca, ha sido representado como un ser con alas, o incluso un dios malévolo, y su apariencia, cuando se revela, es tan grotesca como lo son sus acciones. Este príncipe de las tinieblas es conocido por seducir a la humanidad hacia la corrupción y la decadencia. Se le considera uno de los ayudantes de Satanás y, en ciertas tradiciones, incluso se le representa como el "Señor del Infierno". La mención de su nombre ha sido suficiente para atemorizar a lo largo de la historia, y se le ha atribuido ser la fuente de inspiración para la obra maestra literaria de William Golding, "El Señor de las Moscas", que retrata la caída de la civilización en medio del caos y la anarquía.

Belcebú representa lo más oscuro de la humanidad, la tentación y la perversión, acechando en las sombras y esperando a corromper las almas incautas.

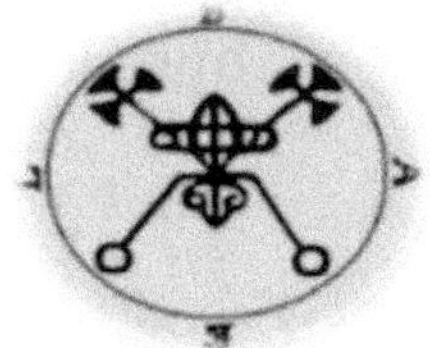

La influencia de Belcebú es siniestra y se extiende como un manto de oscuridad sobre todos aquellos que se aventuran en su reino. En sus ojos, los secretos más oscuros y las tentaciones más profundas se esconden, esperando el momento adecuado para emerger y arrastrar a las almas hacia la perdición. Una sola mirada suya puede inspirar pesadillas, y su nombre es un eco constante de miedo y desesperación en el mundo del ocultismo.

Belial: el Príncipe de la Mentira, es una figura demoníaca que personifica la engañosa seducción y la corrupción. Su nombre resuena como un eco siniestro en las sombras del ocultismo, y su influencia maligna se arraiga profundamente en las leyendas demoníacas. Se le conoce como uno de los Siete Príncipes del Infierno y es un maestro en el arte de la traición y la manipulación.

La imagen de Belial se forja con astucia y malevolencia. Se le representa como un ser de belleza engañosa, con rasgos seductores que ocultan su verdadera naturaleza. Es el amo de las falsas promesas y las tentaciones que nublan la mente de los mortales. Sus palabras son como veneno, tejiendo una telaraña de engaño a su alrededor. Este demonio no es solo un engañador astuto, sino también un instigador de la discordia y la rebelión. Su nombre se asocia a menudo con el caos y la anarquía, y se dice que lidera legiones de demonios en un reino de perversión y depravación.

Sello e Ilustracion de Belial

Belias: Demonio de gran poderío, es el príncipe de las virtudes.

Belphegor: Es una entidad infame que ha atormentado las creencias religiosas durante siglos. Su origen se entrelaza con antiguas deidades paganas, pero con el tiempo, esta entidad se convirtió en un demonio maligno, el epítome de la depravación y la corrupción. El nombre Belfegor lleva consigo el eco de un oscuro pasado, vinculado al culto al dios cananeo Baal Pe'or.

En textos antiguos, se describe a este demonio como un ser relacionado con la indecencia y los excesos. Su nombre, derivado de la palabra hebrea que significa "apertura," es un presagio de las obscenidades y los actos impíos que le atribuyen.

La leyenda de Belfegor se teje con la desnudez, los excrementos y la fornicación, creando una imagen de impiedad que es difícil de olvidar. Se dice que la adoración de Baal Pe'or implicaba la profanación ante este ídolo, una práctica grotesca que revelaba lo más bajo de la humanidad.

Los exégetas cristianos y teólogos antiguos consideraban a Belfegor como un agente del mal, un enemigo de las almas virtuosas. A lo largo de los siglos, la demonología se enriqueció con descripciones detalladas de los demonios, incluyendo a Belfegor. Estos relatos oscuros detallaban nombres, apariencias y rasgos aterradores de estas entidades infernales. A través de literatura mágica y esotérica, se enseñaba cómo invocar a estos malévolos espíritus. Belfegor y sus siniestros compinches eran la fuente de innumerables conjuros y rituales prohibidos que buscaban poder a cualquier costo. En esta encrucijada entre mitología pagana y religión, Belfegor se mantiene como una figura sombría y atemorizante, cuyos secretos oscuros continúan perturbando la mente de quienes se aventuran a explorar su legado de corrupción.

Beng, también conocido como Bheng: Su nombre deriva del término indoeuropeo que originó al sánscrito bheka, 'rana'. Es el demonio de los gitanos, cuyos adeptos son adoradores de las serpientes, teniendo, en general, gran respeto por los reptiles.

Bentameleón: Diablo posesivo, aunque dócil y educado, que llegó a pedir permiso y ofrecerse para entrar en un cuerpo.

Bohinum: Su nombre deriva del hebreo bohu, 'desolación'. En la mitología hebrea es el demonio del mal. También se conoce así a un ídolo armenio del metal negro, símbolo de la noche.

Braathwaate: En su sutil malevolencia, Braathwaate susurra dudas y confusiones, nublando las mentes humanas con un manto de desinformación.

Brifault, también conocido como Brifot, Briffaut y Biffant: Demonio de gran poderío, que suele ser partícipe en actos de posesión; poco conocido, no obstante, jefe de legión.

Brulefer: Demonio al que se invoca cuando se quiere inspirar lujuria, garantiza el hecho de cualquier aventura erótica.

Bucón: Demonio del odio, de la peor especie, citado en las Clavículas de Salomón.

Buer: En el reino infernal, Buer, un demonio con profundo conocimiento y poder, gobierna con férrea autoridad. Él preside la segunda orden de los infiernos, y bajo su mando, somete a cincuenta legiones de demonios. Cuando el Sol se encuentra en la constelación de Sagitario, Buer emerge de las sombras, desplegando su sabiduría y oscuras artes. Este demonio posee una naturaleza peculiar, semejante a Quirón, la figura principal de la mitología griega que era mitad hombre y mitad caballo. Buer, como su homólogo mitológico, instruye en filosofía natural y moral, desentrañando los secretos de la lógica y revelando las virtudes ocultas de las hierbas y plantas. Su conocimiento es vasto y su poder, inmenso.

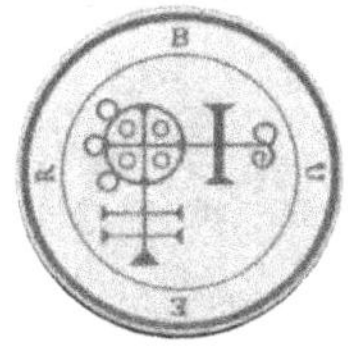

Budú, también conocido como Vudú, Vodú y Voodoo: Dios africano de la hechicería; ídolo de la isla de Ceilán, representado bajo la forma de un gigante. Enseñó el arte de su mismo nombre a los grandes hechiceros de las tribus de Ceilán.

Chaigidiei: Archidemonio cabalístico, que se opone a la influencia del mismo Dios.

Chamgaz: Entre los misterios velados de la mitología hebrea, surge Chamgaz como un demonio de las sombras, aunque su presencia se mantenga en las penumbras de la oscuridad demoníaca.

Chamuco, también conocido como Quigen y Kuijen: Referencia demoníaca burlesca inspirada por las iglesias cristianas evangélicas no católicas. En América, es el representativo de Satán.

Cheitan: Demonio nacido del humo.

Chiridirilles: Demonio protector de los caminantes, aparece en forma de hombre negro montado a caballo.

Chu-Chiang: Dios infernal del taoísmo chino; preside la Segunda Sala de los Horrores.

Cieguecillo: Pequeño diablo que habitaba el fuego como elemento propio; se lo identifica con la salamandra. Nació de una chispa que voló de la fragua de Vulcano al seno de Prenesta.

Cimejes: Marqués infernal. Es un guerrero grande que monta un caballo negro, y tiene la capacidad de localizar tesoros perdidos u ocultos, de enseñar el trivium y de hacer a un hombre en un guerrero de su propia semejanza. Cocito: Demonio-río griego de los infiernos. El Cocito, de aguas cenagosas, estaba formado por las lágrimas de los condenados.

Coep: Nombre con referencia demoniaca a la cruza de varios seres vivos, cabeza de animal salvaje como un lobo, tronco de ser humano y parte baja Patas grandes y negras (como la cola) de un jaguar. Da referencia y encabeza a los demonios latinos.

Dahaka: Demonio persa de la muerte, demonio del engaño y la mentira; es descripto con tres cabezas, y con escorpiones y lagartijas cubriendo su cuerpo.

Dantalian, también conocido como Dantalion: Duque infernal, con figura de hombre con varias caras (de hombres y mujeres), con un libro en su mano derecha. Enseña Artes y Ciencias; tenía el poder de obrar magia sobre el pensamiento de los hombres, y volver lo bueno en malo.

Dacarabia: Es un demonio mencionado en la demonología y en las artes de invocación del mal, ocupa un lugar en las oscuras filas de la Pseudomonarchia Daemonum y en La Clavícula de Salomón. Aparece en la sexagésima novena posición, ostentando el rango de marqués del Infierno. No obstante, en la Pseudomonarchia Daemonum, se le presenta en el puesto cincuenta y dos sin mencionar su título.

Su imagen se asemeja a una estrella de cinco puntas, una forma que puede transformar cuando se le invoca, asumiendo una apariencia más humana a voluntad. Decarabia ejerce control sobre treinta legiones de demonios y posee dominio sobre las aves. Su conocimiento abarca las virtudes de las plantas y las piedras preciosas, lo que lo hace un ser poseedor de secretos ocultos. No obstante, uno de sus poderes más notorios es la capacidad de transformar al conjurador en una criatura alada, ya sea un ave o un murciélago. Este aspecto de su habilidad lo hace tanto intrigante como aterrador, lo que añade a su aura de misterio.

Sello de Dacarabia

Se ha sugerido que su nombre guarda similitud con la palabra "Abracadabra", lo que ha llevado a especulaciones de que Decarabia podría ser una reinterpretación demoníaca del antiguo dios egipcio y gnóstico, Abraxas. Sin embargo, su verdadera naturaleza y origen siguen siendo un enigma en las profundidades de la demonología.

Demogorgón: El enigmático genio de la tierra, emerge como un anciano demacrado, envuelto en musgo y habitante del corazón mismo del planeta. Su figura, rugosa y mugrienta, resplandece con la sabiduría de un mago experto, capaz de someter a los fantasmas y espíritus del aire con su poderosa voluntad. En la mitología, este ser se convierte en el sinónimo griego del demonio, un ente que yace en las sombras, desconocido y misterioso para la humanidad.

Drugia, también conocida como Druj, Drug y Drauga: Es una criatura de las tinieblas, como la lugarteniente temible de

Ahrimán, el oscuro señor conocido como 'la Peste'. Su toque, más sutil que la sombra misma, desata enfermedades conocidas y desconocidas, manifestando su poder en una forma demoníaca de feminidad. Tres cabezas, tres bocas, seis ojos y mil sentidos adornan su ser, revelando la complejidad y el misterio que la envuelven en una danza macabra.

Dumah: El ángel del silencio y la muerte según la Cábala, se alza como el comandante indiscutible de los demonios que acechan en el Gehenna. Su presencia impone un silencio sepulcral, y su influencia se extiende hasta los recovecos más oscuros de la existencia, donde la muerte se convierte en un eco sutil de su mando.

Éaco, también conocido como Aiacos: Se describe como uno de los tres jueces de los infiernos en la mitología griega. Su responsabilidad recae en juzgar a los europeos, llevando consigo el peso de las almas y sus destinos en un tribunal infernal. Su figura, imbuida de la antigua justicia divina, añade una capa adicional de solemnidad y temor en los abismos de la mitología.

Eligos, también conocido como Abigor y Eligor: En los reinos infernales, Eligos, conocido también como Abigor o Eligor, se alza como un gran duque del averno, ejerciendo su dominio sobre sesenta legiones de demonios. Dotado de conocimiento oculto y la capacidad de vislumbrar el futuro, su mirada penetra en los campos de batalla y en las almas de los guerreros. Su presencia atrae favores de señores, caballeros y otras figuras destacadas de importancia. Las representaciones de Eligos revelan una figura imponente, un caballero armado con lanza, estandarte y cetro, este último a veces ilustrado como una serpiente, como señalan algunos autores. En otras visiones, se manifiesta como un espectro etéreo, a veces montado en un caballo alado, su aura oscura e imponente infundiendo temor y respeto a partes iguales. Su presencia evoca la incertidumbre y el poderío siniestro que solo los demonios más poderosos pueden manifestar en los reinos del más allá.

Sello de Eligos

Emma-Õ, también reconocido como Yemma Ten, Yemma Dai O y Emma: Se erige como el monarca supremo de los infiernos en la rica cosmología del budismo japonés. Su misión trasciende los límites de lo terrenal, siendo el juez implacable de las almas condenadas, encargado de dictar el castigo que merecen por sus pecados en vida. Su rostro, enmarcado por una malevolencia sutil, adquiere tonalidades rojas mientras exhibe colmillos afilados que sirven como testigos silenciosos de la justicia infernal que administra.

Empusa: Un demonio de fascinante naturaleza, opta por manifestarse siempre al mediodía, tejiendo su manto de misterio en la luz del día. Descrita como una joven y bella mujer, su pie izquierdo adopta la solidez del bronce, o en ocasiones, se revela en la forma de un casco de asno. En las tierras de Rusia, sus pasos resonaban en las cosechas, donde, bajo la apariencia de una viuda seductora, quebrantaba los miembros de los segadores con una crueldad encantadora. La leyenda la sitúa como la enviada directa de Hécate, la diosa de la brujería y la magia, dotándola con una figura espantosa que despierta temor y asombro por igual. En su danza entre la belleza y el horror, Empusa teje un hechizo irresistible, seduciendo a los mortales con su presencia mientras ejecuta sus oscuros designios.

Erlik, también conocido como Erlik-Khan: Se alza como el espíritu maligno que reclama los dominios helados de Siberia, manifestándose como el dios turco-mongol de los muertos. En las sombras de la mitología, su presencia se teje con los hilos de la oscuridad y la muerte, plasmándose en diversas formas que desafían la comprensión humana.

Este ser malévolo adopta, en ocasiones, la cabeza de un toro majestuoso, imponiendo su presencia con la fuerza y la ferocidad del animal. Otras representaciones lo presentan cabalgando sobre un toro, simbolizando el viaje hacia el inframundo que lidera con mano firme. Su rostro, en algunas visiones, se metamorfosea en el semblante feroz de un búfalo, con cuernos rodeados de llamas que proyectan una aura infernal.

Erlik, en su forma más aterradora, exhibe dos cabezas y cuatro manos, llevando consigo un collar de cráneos como trofeo de sus conquistas en el reino de los muertos. En su diestra sostiene un cetro rematado con una calavera, símbolo de su autoridad sobre los destinos finales, mientras que en su mano izquierda empuña una espada afilada, dispuesto a defender su reino ante cualquier desafío.

A pesar de su posición como dios de los muertos, Erlik no inspira un respeto reverencial; más bien, se enfrenta a la desconfianza y el temor de aquellos que buscan aplacar su ira. Los sacrificios, en forma de animales de color negro, se ofrecen en un intento desesperado por calmar la furia de este dios oscuro que reina en las tierras heladas de Siberia. Entre el humo de los sacrificios y las sombras de su dominio, Erlik-Khan permanece como una figura enigmática y aterradora que despierta la intriga y el temor en igual medida.

Exael: El décimo ángel, emerge como el maestro de artes oscuras al enseñar a la humanidad el arte de forjar armas y máquinas de guerra. Su conocimiento, aunque impregnado de peligro, otorga a los mortales el poder de la destrucción y la conquista, revelando una dualidad entre la luz celestial y las sombras del conflicto.

Fecor: Uno de los tres demonios designados para la custodia de tesoros ocultos, se yergue como un guardián implacable de riquezas más allá del alcance de la vista. Su presencia sutil, entre las sombras, envuelve los tesoros en un manto de misterio, desafiando a aquellos que se aventuran a buscar la riqueza escondida en los rincones más oscuros del inframundo.

Filotano: También conocido como Philotanus, se erige como un demonio de segunda categoría, el leal lugarteniente de Belial. Su influencia se despliega en las sombras de la seducción, utilizando la sodomía y la pederastia como herramientas para corromper las almas. A diferencia de su amo, Philotano no participa directamente en estos actos, sino que los fomenta desde las sombras. Su predilección por la brujería lo convierte en un protector de los hechiceros, ofreciendo su resguardo contra aquellos que buscan desentrañar los secretos de las artes ocultas.

Flegazón: un poderoso demonio que ostenta el título de jefe del reino del Centro, se alza como una entidad temible y dominante en las jerarquías infernales. Su nombre resuena como el viento que sopla a través de las llamas, y su reinado en el centro mismo de la oscuridad añade una capa adicional de terror a su figura. Entre las llamas y las sombras, Flegazón lidera con mano firme, desencadenando su poder en el corazón del reino demoníaco.

Fleuretty: Según las enseñanzas de la literatura cristiana, emerge como el teniente general de Belcebú, extendiendo su dominio sobre las tierras africanas. Su expertise se entrelaza con las plantas consideradas "venenosas" en la perspectiva psicotrópica, tejiendo una red de intrigas y seducción a través de los secretos ocultos de la naturaleza. Este demonio nocturno, hábil en las artes de la manipulación, no solo fomenta los deseos sexuales en la oscuridad, sino que también siembra las semillas de conflictos y guerras entre los hombres, como un artífice de discordias que danzan en las sombras.

Florón: Por otro lado, se revela como un demonio familiar perteneciente a la orden de los Querubines condenados. En su condición caída, este ser oscuro teje su influencia entre las filas de los ángeles caídos, llevando consigo la maldición de la desobediencia. Su presencia, marcada por la paradoja de la belleza y la condena, agita las aguas de las jerarquías infernales, representando la tragedia de aquellos que alguna vez estuvieron cerca de la divinidad y ahora se deslizan en las sombras eternas. Entre susurro y suspiros, Florón se alza como una figura que encierra en su esencia la dualidad ineludible de su naturaleza caída.

Focalor: El Gran Duque del Infierno, emerge con una presencia imponente que ejerce su señorío sobre una legión de espíritus, aunque las cifras exactas varían entre las distintas tradiciones demonológicas. En los registros de "La Menor de Salomón", se le consigna como el 41.º de los 72 demonios, inscrito en el oscuro pentáculo de la invocación. La apariencia de Focalor se revela como la de un ser alado con rasgos grifos, fusionando la majestuosidad de las aves con la ferocidad de las bestias mitológicas.

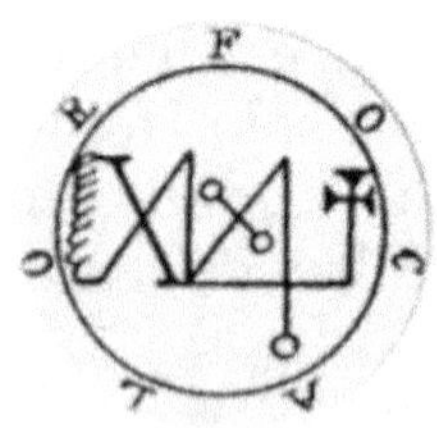

El poder de Focalor se manifiesta con una furia incontenible, capaz de ahogar a los hombres y derribar los barcos de guerra con una facilidad que solo un señor de las tormentas podría poseer. Sin embargo, bajo el yugo de un conjurador habilidoso, este demonio puede ser doblegado y controlado, evitando así causar estragos innecesarios. Su dominio se extiende sobre el viento y el mar, desatando temblores en la tierra con la misma facilidad con la que conjura tormentas en las aguas más profundas.

La leyenda susurra que Focalor, en su antiguo esplendor, albergaba la esperanza de regresar al cielo después de mil años, pero tales anhelos fueron traicionados por la oscuridad que lo envuelve. Una conexión intrigante se revela al explorar los misterios de la demonología: Lucífago Rofacale, uno de los tres archidemonios, presenta un anagrama del propio nombre Focalor. Este enigma sugiere una conexión profunda y misteriosa entre estos seres infernales, un vínculo que se entrelaza en las sombras más recónditas del inframundo.

Furfur: Un Gran Conde del Infierno, gobierna con férrea autoridad sobre veintinueve legiones de demonios. Su apariencia es intrigante y diversa, manifestándose en ocasiones como un ciervo o un ciervo alado con extremidades humanas y una cola en llamas, mientras que en otras, adopta la forma de un ángel, confundiendo la percepción de quienes lo contemplan. Este demonio posee un poder singular y dual. Por un lado, es capaz de engendrar amor apasionado entre un hombre y una mujer, lo que puede llevar a la obsesión y la locura. Por otro, Furfur puede convocar elementos desenfrenados de la naturaleza, provocando tormentas, tempestades, truenos, rayos y vientos huracanados.

En su esencia, Furfur es un ser que tiende a mentir, a menos que se le constriña a entrar en un triángulo mágico, donde está obligado a responder con la verdad. De esta manera, desvela secretos tanto del mundo oculto como de lo divino, e incluso puede abordar las cuestiones más abstractas, aunque lo haga con una voz áspera y disonante. El significado detrás del nombre "Furfur" es enigmático. En latín, "Furfur" puede traducirse como "afrecho" o "salvado". Algunos argumentan que su nombre es una variante de "Furcifer", que significa "canalla", "pícaro" o "sinvergüenza".

El significado detrás del nombre "Furfur" es enigmático. En latín, "Furfur" puede traducirse como "afrecho" o "salvado". Algunos argumentan que su nombre es una variante de "Furcifer", que significa "canalla", "pícaro" o "sinvergüenza". Esta dualidad en su nombre parece reflejar la naturaleza ambivalente de este demonio. En el mundo del ocultismo y el tarot, se han establecido conexiones interesantes. De acuerdo con el Occult Tarot de Travis McHenry, Furfur se asocia con el 10 de copas, profundizando aún más su intrigante naturaleza en el ámbito esotérico.

Furcas: El caballero infernal de conocimientos profundos, se distingue como el maestro de las artes arcanas y filosofía oscura. Este ser de la oscuridad, cruel y anciano, ha impartido su sabiduría en disciplinas tales como la piromancia, quiromancia, lógica, retórica, astronomía y filosofía. Su figura, retratada como un anciano con barba y cabello largo, cabalga en la vastedad del inframundo sobre un corcel de sombras.

Gamaliel: Se revela como un archidiablo cabalístico, una entidad que promueve la obscenidad y la perversión en las profundidades del ocultismo. Su presencia es como un velo que oscurece la pureza, incitando a los mortales a sumergirse en los placeres prohibidos y los caminos de la decadencia. En la danza sutil entre la luz y la sombra, Gamaliel se erige como un arquitecto de la depravación, guiando a aquellos que buscan los secretos más oscuros de la existencia.

Gamchicoth: Archidiablo cabalístico, que embrolla y enreda todas las cosas.

Gaziel, también conocido como Goziel: Se erige como el demonio custodio de los tesoros ocultos en las profundidades subterráneas. Este ser astuto, que se deleita en el juego de las sombras, tiene la habilidad de trasladar los tesoros justo cuando están a punto de ser descubiertos, dejando tras de sí el eco de fantasmales repiques de campanas que envuelven a los intrépidos buscadores en un manto de terror. Su facultad más intrigante radica en la capacidad de revivir a los muertos, un poder oscuro que cobra vida en las sombras más profundas.

Gaziel comparte su existencia con una entidad compañera denominada Almudena, una fuerza que encarna la mentira y la fantasía, tejiendo engaños en el tejido mismo de la realidad. Este demonio, cuyo reinado se sostiene en la ilusión, se erige como el rey en la corte de la mentira, enredando a aquellos que se aventuran en los reinos del engaño y la imaginación.

Se dice que Gaziel tiene la habilidad de transformarse en un perro, una forma que algunos consideran su esencia original. Esta metamorfosis agrega un elemento adicional de misterio y asombro a la leyenda de Gaziel, un ser que navega entre las sombras con la destreza de un ladrón de secretos y tesoros ocultos.

Gila: La insigne bruja del siglo XVI, emerge de las páginas de la historia como una figura temible. Su apetito voraz por la carne humana, especialmente la de los niños, la ha inmortalizado en las leyendas oscuras que aún persisten en susurros entre las amas de leche. Se cuenta la historia de cómo intentó devorar al pequeño emperador Mauricio, pero sus malévolos intentos fueron frustrados gracias a los talismanes protectores que llevaba consigo. A pesar de los siglos que han pasado, el nombre de Gila sigue siendo un espantajo en las bocas de aquellos que respetan y temen las fuerzas de la oscuridad.

Goab (o Goap): Soberano del infierno en su parte occidental, ostenta el dominio sobre los demonios del mediodía, guiando las sombras con su manto infernal. Este rey de la oscuridad responde a las invocaciones desde las 3:00 hasta el mediodía y, nuevamente, desde las 21:00 hasta la medianoche. En esos momentos específicos, se despiertan las fuerzas que obedecen a sus mandatos en el inframundo.

Gob: Se revela como un demonio arraigado en la esencia misma de la tierra. Su influencia se extiende a las profundidades subterráneas, donde promueve hundimientos, movimientos sísmicos y la expansión de gases asfixiantes y mortales. Este ser oscuro otorga propiedades letales a sustancias venenosas y preside el desarrollo y la propagación de plagas y epidemias. Interviene en los sucesos desgraciados de la vida humana, fomentando las pasiones más oscuras de la avaricia, el orgullo y la crueldad. Su verdadera pasión, la avaricia, lo impulsa a influir en la codicia humana, llevando a los corazones hacia caminos oscuros y tortuosos. La figura de Gob se manifiesta como un recordatorio de las fuerzas que acechan en lo más profundo de la tierra y las sombras, entrelazando su poder en los sucesos trágicos y las tragedias humanas. En el silencio de la oscuridad, Gob se erige como una entidad siniestra, tejedora de destinos y maestro de las artes oscuras que danzan en la penumbra de la existencia.

Golab: El archidiablo cabalístico, se presenta como el instigador de los incendios que consumen la tierra. Su presencia en las sombras desata las llamas que devoran con voracidad, llevando consigo la destrucción y el caos. Este ser ardiente y siniestro surge en la oscuridad, manifestando su poder en la danza infernal de las llamas que dan forma a la destrucción.

Goleo Binban (o Beenban): Demonio del desierto, emerge como el espíritu que acecha entre las dunas y las sombras del yermo. Su influencia se cierne sobre los melancólicos, aguijoneando sus almas con la soledad más profunda. Conocido como el "espíritu de la soledad", Goleo Binban se desliza entre las arenas del desierto, tejido en la trama del silencio y la melancolía que envuelven aquellos que deambulan por el vasto yermo.

Gresil: El demonio de la impureza, revela su esencia en las sombras más densas de la corrupción. Este ser oscuro se manifiesta en la falta de pureza y la decadencia moral, influyendo en los corazones y las mentes para desviarlos hacia caminos impuros. En su danza sutil, Gresil se convierte en la personificación misma de la impureza, tejiendo su influencia en los rincones más oscuros de la existencia. En un mundo donde la pureza es preciada, la presencia de Gresil se convierte en un recordatorio constante de las sombras que acechan en el alma humana.

Guayota: Figura demoníaca de la Mitología Guanche encuentra su morada en el interior del majestuoso Teide, la imponente montaña de Tenerife, España. En las sombras de esta prominencia volcánica, Guayota encarna la oscuridad y el misterio, tejidos en las leyendas que susurran entre las brumas de la mitología guanche. Su influencia se despliega en los rincones más recónditos de la montaña, donde las sombras danzan con las llamas subterráneas, alimentando el temor y la reverencia hacia este demonio ancestral.

Guta: El demonio húngaro, se manifiesta como una entidad que golpea a sus víctimas hasta la muerte. Su presencia emerge en las leyendas que han perdurado a lo largo del tiempo, revelando una figura que emana crueldad y violencia.

Haagenti: Un siniestro presidente de los abismos infernales, surge en la mitología demoníaca como una figura monstruosa que despierta el terror en quien lo contempla. Su apariencia se manifiesta en dos formas aterradoras: como un temible dragón o como un toro alado con rasgos de grifo, lo que agrega un aura de maldad a su imagen. En la corte infernal, Haagenti se alza como un gobernante indiscutible, desatando su poder en las sombras y llevando consigo la esencia misma del terror que emana de las profundidades demoníacas. Su nombre resuena como un eco ominoso en los pasillos del inframundo, recordando a los mortales la oscura majestuosidad de este presidente infernal.

Este demonio, a pesar de su malignidad, posee un conocimiento profundo y perturbador. Bajo sus enseñanzas, los mortales pueden adquirir sabiduría, pero esta sabiduría se tiñe de oscuros propósitos. Haagenti desvela los secretos más herméticos, como la transmutación del agua en vino y viceversa, o la alquimia que convierte los metales en oro. Sin embargo, estas lecciones no buscan el bien ni la iluminación, sino que conducen a la perversión, el libertinaje y el crimen. personifica el lado más oscuro y seductor del conocimiento prohibido, atrayendo a quienes buscan poder y riquezas sin escrúpulos.

Habondia: Demonio de la mayor jerarquía, es considerado el demonio rey de las hadas, gobernando sobre estas criaturas místicas con un dominio que trasciende los límites de la realidad y lo mágico. En las sombras del inframundo, Habondia ejerce su influencia sobre el reino feérico, manifestando la danza de las hadas en armonía con los secretos oscuros que guarda en su esencia.

Häel: Un diablo poderoso e influyente en el infierno, emerge como una figura que detenta un poder sin igual en las jerarquías infernales. Su influencia se extiende a lo largo y ancho del abismo, siendo el jefe supremo del cual dependen numerosos espíritus oscuros. La presencia de Häel resuena en la oscuridad, marcando su dominio con una majestuosidad siniestra y una autoridad inquebrantable.

Hallulaya: Demonio babilónico de las antiguas sombras, se revela como el atormentador de los hombres en los caminos. Su presencia acecha en las encrucijadas y senderos, desencadenando el tormento en aquellos que se aventuran en la incertidumbre de los viajes. En la mitología babilónica, Hallulaya se convierte en la sombra que se desliza sigilosa, sembrando inquietud y temor en la senda de los mortales.

Harab Serap: Archidiablo cabalístico, se erige como el promotor de los fracasos en la oscura cosmología de las artes ocultas. Su influencia se extiende en la tejedura de las desgracias y las derrotas, desencadenando su poder para sembrar el caos en los caminos de aquellos que desafían las fuerzas infernales. Entre los fracasos y los lamentos, Harab Serap se erige como una figura que personifica las sombras que oscurecen el éxito y la fortuna.

Herodías: También conocida como Noctiluca, emerge como la reina de la noche, presidiendo los aquelarres y exigiendo el sacrificio de seres humanos. Su culto floreció en el siglo XII, y su figura siniestra se entrelaza con los misteriosos rituales que tenían lugar bajo el manto de la oscuridad. En la penumbra de los aquelarres, la presencia de Herodías inspiraba temor y devoción, revelándose como una entidad que ejercía su influencia en los rincones más oscuros de la adoración.

Hiranya Kaśipu ('oro-colchón') y Hiranyāksha ('oro-ojos'): En la mitología hindú, se manifiestan como hermanos demonios de forma humana. Para poner fin a su reinado de terror, el dios Vishnú se encarnó en dos oportunidades, adoptando la forma de Varāha (jabalí) y, posteriormente, la forma de Narasinha (un ser mitad hombre y mitad león). Estas encarnaciones divinas se erigieron como los instrumentos para la destrucción de los malvados hermanos, destacando la lucha eterna entre las fuerzas del bien y del mal en la mitología hindú.

Humtaba: Demonio de origen babilonio, se revela como una entidad de aspecto horripilante, con una boca que vomita llamas y un aliento mortal. Su presencia aterradora se despliega en las leyendas de la antigua Babilonia, donde la figura de Humtaba personifica el terror que acecha en las sombras, manifestándose con una ferocidad implacable.

Hades: Dios griego del inframundo y de los muertos, se alza como una figura imponente en la mitología griega. Gobernando sobre el reino de los muertos, Hades ejerce su autoridad en las profundidades del inframundo, donde las almas de los difuntos encuentran su morada eterna. Su figura, envuelta en la oscuridad y la solemnidad, personifica la inevitable transición de la vida a la muerte.

Iblís (Iblis al-Quadim, Eblís, Al-Harith, Azail, Sheitán, Satán): En el islamismo es un archidemonio y jefe supremo de los demonios yinas . Se lo asocia al pavo real y, por lo tanto, al dios Malek. Suele representársele como un espíritu estúpido, adornado con plumas de pavo real y con cabeza de mulo. Iblís es andrógino, con un sexo en cada pierna, pudiendo autofecundarse, y como consecuencia, poniendo diez huevos diarios, de los cuales nacen 70 demonios masculinos (shaytán), o femeninos (shaytana). A su lado todo es venenoso. Probablemente el nombre Iblís sea una alteración fonética árabe del vocablo griego diávolos, 'fluye hacia abajo'.

Isabô: Un ser de naturaleza infernal, cuya presencia se manifiesta con alas desplegadas y poderosos puños. Este demonio, imbuido de misterio y oscuro encanto, es una entidad que despierta fascinación en aquellos que exploran los rincones más ocultos de la espiritualidad. Su figura, dotada de alas en expansión y puños vigorosos, encierra secretos ancestrales y una energía que atrae a aquellos que se aventuran en el reino de lo desconocido.

Istar, Isthar, Zarpanith, Belit, Attar, Sarpanit, Astarté, Terpanit, Milita y Ashtar: Emerge como la enigmática diosa caldea. Esta divinidad, reverenciada no solo en Caldea, sino también en los territorios de Babilonia y Asiria, era la personificación de los ritos de fertilidad. Ishtar reinaba sobre dominios tan diversos como la belleza, el amor, la guerra, la victoria, y otros aspectos fundamentales de la existencia.

Sin embargo, el destino de Ishtar tomó un giro sombrío en las eras posteriores, cuando las religiones sucesivas la vieron con recelo y optaron por demonizarla. A pesar de sus orígenes en la adoración de la fertilidad y la veneración de aspectos vitales de la vida, el paso del tiempo y las transformaciones religiosas la arrojaron a las sombras, cubriendo con un velo de misterio y contradicción en torno a la figura de esta antigua deidad.

Ipos: El enigmático Conde de los abismos infernales, emana un aura de misterio y poder en el reino de la demonología. Con autoridad sobre treinta y seis legiones de demonios, se encuentra entre las entidades más influyentes del inframundo. Su conocimiento abarca los secretos del pasado, presente y futuro, lo que le otorga una perspicacia sobrenatural que pocos pueden igualar. Algunos relatos sugieren que Ipos puede infundir ingenio y valentía en los hombres, elevándolos por encima de su condición mortal. La representación de Ipos es tan extraña como su naturaleza, lo que añade un toque de inquietante singularidad a su figura. Se le describe como una criatura híbrida: un cuerpo angelical, la cabeza de un león, la cola de una liebre y pies de ganso. Sin embargo, en ocasiones se manifiesta con un cuerpo leonido, y en raras ocasiones, asume la forma de un buitre. Estas metamorfosis subrayan su capacidad para adaptarse y cambiar, confundiendo aún más a quienes se aventuran a evocarlo.

Con su arcano equivalente al 2 de bastos en el tarot, abarca un decano zodiacal que se extiende desde el 22 hasta el 31 de marzo, sugiriendo una conexión con la primavera, la renovación y la dualidad. Su presencia se erige como un recordatorio de que la sabiduría y el conocimiento pueden ser tan ambiguos como las criaturas que lo representan.

Ivannus: Ser de las sombras, elevado a las alturas del inframundo, su forma se extiende en una altura imponente, con cuernos largos y anchos adornados con dos inscripciones de pentagramas en su espalda. En los círculos ocultos y en los rincones de la tradición europea, es conocido de manera popular como Ivann.

Jana: Ser de poder sobresaliente, miembro destacado entre los Espíritus Divi, junto a Saracil, Sathiel y Amon, entre otros seres oscuros.

Junier: Demonio de indomable poder, príncipe de las sombras angelicales que se inclinan ante su presencia.

Kelby o Kelpy: Espíritu malévolo de las aguas, con la apariencia de un corcel oscuro, que a veces sostiene en sus manos una antorcha que arde con la llama de la perdición.

Kellen, o Kelen: Regente de los Amores Prohibidos Kellen, junto a su compañero Nisroc, ejerce su dominio sobre los amores ilícitos, los desórdenes y las orgías. Es un ser seductor que aprovecha las debilidades de los corazones para tejer vínculos en la oscuridad. En sus dominios, los susurros de Kellen incitan a los desenfrenos más oscuros y despiertan pasiones prohibidas.

Kerobal, o Túrban Querobal: Conjuro Turco Kerobal, conocido también como Túrban Querobal, es un demonio de origen turco, invocado por las brujas en rituales maléficos. Se le llama en momentos de necesidad para desatar maleficios y encantamientos cargados de energía oscura. Las sombras que rodean a Kerobal revelan su conexión con la magia negra y los secretos que acechan en las prácticas hechiceras.

Kisín: La Advocación de Ah-puch Kisín, vinculado a Ah-puch, el dios maya de la muerte, se manifiesta en una forma descarnada y aterradora. Esta entidad, equivalente al concepto de Satán en la cultura semítica, representa la inevitabilidad de la muerte y la descomposición. Su presencia evoca temor y respeto, recordando a todos la fugacidad de la vida.

Kobal, Kabal y Robals: El Pérfido Director Teatral del Infierno Kobal, conocido también como Kabal y Robals, desempeña el papel de director general en los teatros del inframundo. Patrono de los comediantes infernales, su risa perversa resuena en medio de actuaciones siniestras. Sin embargo, detrás de la aparente diversión, Kobal es un demonio pérfido que muerde y daña con astucia, revelando el lado oscuro de la comedia infernal y la ironía en sus tragedias.

Kumbhákarna: El Coloso Ceilandés de Sueños Interrumpidos, en las narrativas del hinduismo, se menciona a Kumbhákarna, cuyo nombre se traduce como 'orejas como ollas'. Se le describe como un monstruo colosal ceilandés, con una altura que alcanza los 420 km. Según el capítulo 6 del Rāmāyana, este ser imponente solo podía despertar un día cada seis meses. En su breve período de vigilia, su presencia imponía temor y desafío. Sin embargo, su reinado de sueños era truncado por el dios

Rāma, quien finalmente puso fin a su existencia.

Labasú: El Derribador de la Desdicha Labasú, cuyo nombre significa 'el que derriba', emerge de las sombras de la mitología babilónica como un demonio que lleva consigo la carga de la desdicha. Este ser detestable era identificado como un ladrón malévolo que, con su presencia, traía desgracias a los hogares. Labasú se convierte así en una figura ominosa, acechando en la penumbra y esquivando la luz de la prosperidad.

Lagasse: El Demonio de la Hipocresía en los anales de lo oculto, Lagasse se revela como el demonio de la hipocresía. Este ser siniestro se deleita en la doblez y la falsedad, envolviendo su esencia en la máscara de la sinceridad mientras teje intrigas y engaños. Lagasse representa la sombra que se oculta detrás de las apariencias, recordándonos la fragilidad de la verdad y la facilidad con la que la hipocresía puede arraigar en los corazones más oscuros.

Lamashtu, Lamastu y Labartu: La Oscura Divinidad Asirio-Babilónica Lamashtu, también conocida como Lamastu y Labartu, surge de las sombras de la mitología asirio-babilónica como una divinidad siniestra, hija de Anu. Este demonio de género femenino se manifiesta en una forma aterradora: su figura combina un torso de mujer con cabeza y garras de león, orejas y dientes de asno, alas desplegadas, y la posición inquietante de amamantar a dos cachorros mientras está sentada en un asno. Su ser es negro, estéril e insaciable.

Lamashtu infunde terror, especialmente entre las mujeres parturientas y las madres lactantes, quienes la temen por su capacidad de causar daño a los recién nacidos. Esta entidad maligna tiene la capacidad de adoptar siete formas diferentes, siendo una de las siete fuerzas oscuras que acechan en la antigua Babilonia. Su presencia es un recordatorio de la fragilidad de la vida y la constante lucha contra las fuerzas malignas que acechan en las sombras.

Lanithro: El Demonio del Aire Lanithro se erige como el demonio del aire, una entidad que se desplaza en las corrientes invisibles que envuelven el mundo. Su esencia está vinculada a la atmósfera, y su presencia puede sentirse en los vientos que susurran secretos oscuros. Lanithro, como el maestro de los elementos en el reino del ocultismo, representa la fuerza incontrolable que yace en la naturaleza misma, manifestándose en ráfagas de misterio y poder aéreo.

Leraje: También conocido como Leraie, Leraikha, Leraye, Loray y Oray: Gran marqués infernal causante de grandes batallas y disputas. Es descrito como un apuesto arquero vestido de verde que carga un arco.

Leshy: Demonio eslavo que nació de la relación carnal de un diablo con una mujer. Tiene forma humana, pero con piernas, orejas y cuernos de cabra, semejante a un sátiro griego; posee la facultad de adquirir la altura del medio donde se mueve.

Lete: Demonio-río griego de los infiernos. Sus aguas hacían olvidar todo lo pasado a quienes las bebían.

Leviatán: En el judaísmo, la mitología ugarítica nos introduce a Lotan, un monstruo policéfalo y serpentiforme que personifica el caos primordial, marcando el inicio de la Creación. En el Salmo 74, se alude a este ser, destacando su papel como una entidad poderosa relacionada con el caos. En el Libro de Job, se menciona que los magos tenían la capacidad de resucitarlo, pero Dios finalmente lo aniquilará al final de los tiempos. Sin embargo, su descripción más detallada se encuentra en Job 41.

En el Génesis, Leviatán es aludido de forma implícita como una serpiente, y la mención de "Dios creó los grandes monstruos marinos" insinúa su presencia. Rashi interpreta esta referencia como la reencarnación de la serpiente que sedujo a Adán y Eva en el Edén. Según la leyenda, Dios creó tanto a un Leviatán macho como a una hembra, pero luego sacrificó a la hembra y la destinó como alimento para los justos. Esto se hizo para prevenir que los Leviatanes procrearan, ya que su descendencia podría poner en peligro el mundo. La palabra "Taninim" en este contexto puede ser traducida como "monstruo marino, cocodrilo o gran serpiente", enfatizando la naturaleza colosal y aterradora de estas criaturas mitológicas. La interpretación cristiana del Leviatán en la Biblia a menudo lo asocia con un demonio y lo relaciona con Satanás o el Diablo. Algunos incluso especulan que Leviatán y Rahab son la misma criatura (Isaías 51:9). Esta conexión se basa en las referencias bíblicas que describen a Leviatán como una entidad maligna y enemiga de Dios.

Las referencias al Leviatán en la Biblia parecen haberse desarrollado a partir de leyendas cananeas que implicaban una confrontación entre el dios Hadad (Baal) y un gran monstruo marino de siete cabezas, que Hadad finalmente logra derrotar. También se ha señalado la similitud entre esta historia y la épica de la Creación babilónica "Enuma Elish", que tiene sus raíces en la mitología sumeria.

En "Enuma Elish," el dios de la tormenta Marduk mata a Tiamat, un monstruo marino de siete cabezas y diosa del Caos y la Creación, y crea la tierra y los cielos a partir de las dos mitades del cuerpo de Tiamat. En este contexto, algunos eruditos bíblicos consideran que Leviatán representa las fuerzas del caos y el mal, y su derrota por Dios simboliza la victoria sobre el caos y el establecimiento del orden divino en el mundo. Leviatán se convierte así en un símbolo de la lucha entre el bien y el mal, y su conexión con Satanás en la tradición cristiana refuerza esta asociación demoníaca en la interpretación religiosa.

Licas, también conocido como Lycas y Alybas: Demonio del Támesis (Inglaterra). Era sumamente negro, con cuerpo hediondo y cubierto de una piel de lobo; se le propiciaban sacrificios humanos anuales.

Lilitu, también conocido como Lilit y Lilith: Demonio, primera mujer creada (antes que Eva). Lilit, una figura que se erige como un enigma en la mitología mesopotámica. Su género es femenino, y ostenta el título de Principado en la jerarquía demoníaca. Se dice que Lilit lidera las huestes de súcubos, mujeres-demonio destinadas a extraer la esencia vital de sus víctimas, desatando la chispa divina que da vida a los demonios.

Este ser, envuelto en lujuria y oscuro deseo, se alimenta de los actos de lascivia y los sueños húmedos, secando a los hombres en un torbellino de impureza. Cualquier encuentro sexual que se sumerja en la inmundicia rinde homenaje a esta deidad de la lujuria, tejiendo una red de misterio y pecado en la oscuridad de la noche. Un ser demoníaco que despierta inquietud y misterio, oculto en las sombras.

Orígenes Mesopotámicos: En las antiguas religiones mesopotámicas, Lilith era un espíritu o demonio femenino asociado a las tormentas y el caos. Se creía que traía desgracia, enfermedad y muerte. Su primera aparición conocida se remonta alrededor del año 3000 a.C. en la religión sumeria, donde se le conocía como "Lilitu."

En la Tradición Judía: A partir del siglo VI d.C., Lilith se menciona en la literatura rabínica y en copas mágicas judías. En el folklore judío medieval, Lilith se convirtió en una figura temida. A menudo se la representaba como la primera esposa de Adán, creada antes que Eva. Según esta versión, Lilith se negaba a obedecer a Adán, lo que la llevó a escapar o ser desterrada del Edén. Prefirió vivir con los demonios en lugar de volver con Adán. Esta imagen se ha utilizado para simbolizar la independencia y el desafío de la feminidad tradicional.

Desarrollo Moderno: La figura de Lilith ha continuado desarrollándose en los siglos XIX y XX. A medida que la emancipación de las mujeres avanzaba en el mundo occidental, Lilith se convirtió en un símbolo de feminidad que no se somete a lo masculino. Su imagen se ha relacionado con la Diosa Madre y la independencia femenina. Lilith sigue siendo un tema presente en la cultura popular, la literatura, la astrología y el ocultismo.

Lilu, también conocido como Lilla: Uno de los tres demonios de la noche mesopotámicos, junto con Lilit y Ardat Lili. Es un espíritu errante de sexo masculino, existente en la mitología acadia. Equivale a la figura del vampiro.

Lucifer: Una palabra que se define con hilos de luz y oscuridad, emergiendo como el portador de la luminosidad en la vastedad del firmamento. Este término se mezcla con el misterio, nacido de una época en la que el hombre miraba hacia el cielo y se preguntaba, atónito, sobre el enigma que velaba el resplandor del planeta Venus.

En tiempos antiguos, Venus, con su fulgor radiante al amanecer, desafiaba la percepción humana, confundiéndola al no revelar si era estrella o planeta. Como la "estrella de la mañana", parecía competir con las luces celestiales que la rodeaban, creando una narrativa que explora su relación con el anochecer y el amanecer. La tradición romana distinguía entre la "estrella matutina" y la "estrella vespertina", lo que amplió aún más el misterio que rodea a Lucifer. En la mitología cristiana, este nombre se asocia con el ángel caído, cuya belleza y sabiduría lo condujeron a la arrogancia, transformándolo en el mismísimo Satanás. Un pasaje bíblico, Isaías 14:12, habla de "Helel ben Shachar", el "resplandeciente, hijo de la mañana", que fue traducido como "Lucifer" en la Vulgata. Así, Lucifer se convierte en la personificación de la caída y la rebeldía, una figura que se erige en la frontera entre la luz y las sombras. A través de la historia, el nombre "Lucifer" ha oscilado entre la glorificación y la demonización.

La historia de Lucifer también está impregnada de dualidades: la luz y la oscuridad, el bien y el mal. En la tradición cristiana, es el arquetipo del ángel caído, el ángel de la luz que se convirtió en el príncipe de las tinieblas.

En la tradición cristiana, es el arquetipo del ángel caído, el ángel de la luz que se convirtió en el príncipe de las tinieblas. Esta dualidad sugiere que la línea entre lo divino y lo demoníaco es difusa y frágil, recordándonos que la belleza y el poder pueden conducir a la perdición. Sin embargo, a pesar de esta imagen sombría, Lucifer también ha sido reinterpretado en la cultura popular como un símbolo de rebelión, independencia y libertad. A menudo se le representa desafiando la autoridad divina, cuestionando las reglas impuestas y buscando la iluminación a través del conocimiento. Este aspecto de Lucifer invita a la reflexión sobre la naturaleza de la moralidad y el libre albedrío.

En última instancia, el misterio que rodea a Lucifer reside en su capacidad para representar tanto la caída como la ascensión, la oscuridad y la luz, la rebelión y la liberación. Un símbolo que trasciende la mera dualidad y desafía nuestras concepciones convencionales del bien y el mal, invitándonos a explorar las complejidades de la condición humana y el eterno cuestionamiento de lo divino.

Lucifer

Lul: Considerado un demonio de orden inferior según la mitología hebrea, se manifiesta como una entidad de sombras y sutilezas. Su presencia evoca una sensación de malestar, y se cree que es un provocador de pequeñas desgracias y disturbios en la vida cotidiana. Aunque no posee la magnitud de algunos de sus compañeros demoníacos, se dice que Lul trabaja insidiosamente en los rincones oscuros de la existencia, influyendo en las pequeñas desdichas de aquellos que cruzan su camino.

Magistelo: Magistelo, un demonio cuya inclinación se inclina hacia la colaboración con los practicantes de las artes oscuras, adopta formas seductoras, ya sea como súcubo o íncubo. Este ser astuto y manipulador se une a los brujos y brujas en busca de conocimiento y poder. Actuando como un guía oscuro, Magistelo ofrece secretos arcanos y habilidades místicas a cambio de pactos y compromisos. Su presencia a menudo teje una red de engaños y placeres sensuales, llevando a los incautos a la vorágine de la magia negra.

Malphas: Un poderoso Gran Presidente del oscuro inframundo, emerge con cuarenta legiones de demonios a su servicio. Se encuentra bajo el mando de Satanás, ocupando la segunda posición en su jerarquía infernal. Sus habilidades son tan variadas como aterradoras. Este demonio es conocido por su capacidad para construir casas, torres altas y fortalezas, y puede destruir las construcciones de los enemigos. Además, es un intruso de los pensamientos y deseos ajenos, revelando secretos ocultos e inquietantes a los magos osados que lo invocan.

Aunque su naturaleza es malévola, Malphas es también un proveedor de buenos espíritus familiares. Este oscuro personaje tiene el poder de convocar artífices de todos los rincones del mundo a la voluntad de su invocador. Sin embargo, la interacción con este demonio no está exenta de peligros.

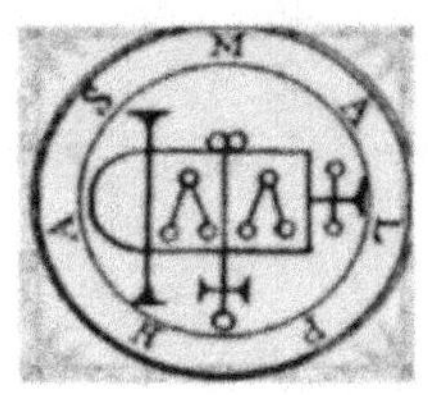

Marbas: Un enigmático presidente de las huestes infernales, surge ante nosotros en dos formas notables. Su imagen más poderosa es la de un majestuoso león, una bestia feroz que irradia una imponente presencia. Pero, cuando los mortales lo invocan en busca de su sabiduría y poder, este demonio toma la forma de un humano, ocultando su naturaleza terrorífica. A su mando, treinta y seis legiones de demonios esperan sus órdenes, listos para cumplir sus deseos y revelar secretos oscuros.

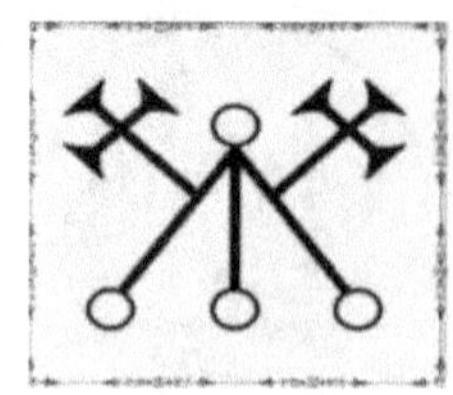

Marbas es un ser de dualidad, capaz tanto de causar enfermedades como de otorgar curación. Puede infundir conocimiento mecánico y habilidades únicas a aquellos que se atreven a invocarlo. Sin embargo, hacer un trato con Marbas no es una tarea simple. Aquellos que desean sus conocimientos deben estar dispuestos a apostar sus almas a cambio. Solo una pregunta será respondida, y solo con la verdad, a costa de la propia alma del invocador. La pérdida de esta alma impide futuras invocaciones en vida, a menos que el hechicero esté dispuesto a ofrecer más almas en sacrificio.

Magoa: Imponente entidad de las sombras orientales. Monarca de la región que, con su sabiduría infernal, responde a las preguntas formuladas por aquellos intrépidos que buscan su consejo.

Mahonin: Un demonio de estirpe menor, proveniente de las profundidades de la tercera jerarquía y la segunda orden de arcángeles; su morada se encuentra entre las aguas místicas, tejidas con hilos de enigma.

Mania, también conocida como Lalaria: Deidad etrusca del averno, una antigua divinidad venerada en las sombrías Festividades Compitales en compañía de los Lares. Se le considera la matrona o la abuela de los Manes y la diosa del silencio. En sus rituales, las ofrendas de amapolas, canes y sacrificios humanos se rendían ante su presencia; su figura, aterradora y sublime, se manifestaba en toda su majestuosidad.

Mantor: En las antiguas tierras caldeas, Mantor se alzaba como un demonio que personificaba la fiebre. Su presencia era como una sombra que se deslizaba en la oscuridad, llevando consigo el malestar y la debilidad. A medida que su aliento tocaba a los mortales, la enfermedad se apoderaba de ellos, convirtiendo la salud en una mera ilusión.

Mantus: Monarca Deforme de los Reinos Infernales. En los mitos etruscos, Mantus reinaba sobre el mundo subterráneo con una figura deforme y espantosa. Armado con un sable o un mazo, sus alas batían en el aire mientras su corona resplandecía con la majestuosidad del inframundo. Los que se aventuraban en su presencia se enfrentaban a la terrorífica visión de la deidad que dominaba sobre la oscuridad eterna.

Mastema: Entre los ecos hebreos resonaba el nombre de Mastema, el príncipe y líder de los espíritus malignos nacidos de la unión prohibida entre ángeles caídos y mujeres. Su naturaleza hostil lo convertía en un arquitecto de caos y desdicha, extendiendo su influencia entre las sombras, entretejiendo un velo de maldición que envolvía a aquellos que cruzaban su camino.

Mastiphal: En los reinos infernales, Mastiphal se alzaba como uno de los príncipes supremos de las tinieblas. Su dominio se extendía sobre los rincones más oscuros y olvidados, donde sus súbditos malévolos creaban intrincados planes para sembrar la discordia y la perdición.

Medusa: Entre las Gorgonas mas temidas. Su mirada, llena de un poder maldito, convertía en piedra a todo aquel que se atreviera a encontrarse con sus ojos. La epopeya de Perseo, valiente entre los héroes, relataba cómo se enfrentó a esta criatura, cortando su cabeza y liberando al mundo del terror petrificador que emanaba de la mirada de Medusa.

Mefistófeles: Ese enigmático demonio del folclore alemán, Es comúnmente considerado un subordinado de Satanás, encargado de un siniestro propósito: atrapar almas. También, en ciertas interpretaciones, se le confunde con el mismísimo Satanás.

La etimología de su nombre es un misterio en sí mismo. Se sugiere que Mefistófeles podría derivar de la negación de la luz en griego, o tal vez del persa o hebreo. A través de los siglos, se ha especulado con diversas interpretaciones, como "enemigo de la luz", "enemigo de Fausto", o incluso "destructor-mentiroso". La ambigüedad de su nombre solo añade un aura de enigma a este ser.

El mito de Mefistófeles se ha extendido con el Romanticismo y se ha popularizado gracias a "Fausto", una obra literaria icónica. Encarna un conflicto existencial: el declive de la fe y el surgimiento de un pragmatismo moral en sociedades avanzadas. En este contexto, Mefistófeles se convierte en el símbolo de la pérdida de fe y la adopción de un sistema moral propio.

Mefistófeles a menudo se presenta como un personaje tragicómico, atrapado entre su éxito al socavar la supremacía de Dios en la mente de las masas y su propia derrota al perder relevancia debido al mismo proceso. Es representado con gran sofisticación, vestido con ropas suntuosas propias de la nobleza. Su mente fría, racional y lógica se convierte en su principal herramienta para seducir a las personas y manipularlas a seguir sus designios.

Megera: Una de las tres azotantes Furias (Euménides o Erinias) griegas del Tártaro.

Melanisalcayuto: Este demonio es un mito en el mundo de los demonios, es muy poderoso.

Melek Tawus, El Esplendor del Ángel-Pavo Real: En los misteriosos rituales de la religión yazidí, Melek Tawus, también conocido como Melek Ta'ûs, emerge como una figura celestial de singular esplendor. Su nombre, traducido literalmente como 'ángel-pavo real', revela su conexión con la majestuosidad de esta criatura alada. Aunque algunos puedan etiquetarlo como un demonio mesopotámico, para los yazidíes, Melek Tawus es más que eso; es el líder supremo de los arcángeles. Su forma, una amalgama intrigante, se presenta como un pavo real, un gallo o incluso un híbrido que fusiona la esencia de ambas criaturas en un ser divino.

Merigaz: Entre las sombras de la mitología hebrea, Merigaz se manifiesta como un demonio de rango menor, susurrando su presencia en los recovecos más oscuros. Su naturaleza sutil se entrelaza con las narrativas místicas, donde su influencia se extiende en la penumbra de lo desconocido.

Merihim: Príncipe de la peste y maestro del aire infernal, regente supremo del aire y líder de los demonios que traen consigo la plaga y la pestilencia. Su presencia se desliza entre las corrientes de viento malévolo, llevando consigo la oscura maldición que envuelve a aquellos que caen bajo su influencia. En el reino infernal, Merihim comanda los vientos envenenados y dirige a sus legiones de demonios, esparciendo desdicha y desolación a su paso.

Minos: Entre los tres jueces del inframundo griego, Minos ocupa un lugar destacado. Su tarea consiste en juzgar a aquellos cuyos destinos Éaco y Radamanto no lograron determinar. Con sabiduría inquebrantable, Minos evalúa las acciones de los fallecidos, asignando sus destinos en el vasto reino de los muertos.

Minosón, Súcubo de las Artimañas encomendada a Häel: Su misión nefasta consiste en tejer hilos invisibles en el vasto tapiz de los juegos de azar, garantizando la victoria en todas sus formas. Bajo la égida de Häel, Minosón se deleita en influir en las pasiones y la ambición de aquellos que se aventuran en el mundo de los juegos, donde su presencia sutil impulsa a los jugadores hacia el triunfo, en un pacto que lleva consigo un precio desconocido.

Morax: Conocido también como Marax o Foraii en la demonología, ocupa un puesto destacado como Gran Conde y Presidente del Infierno. Bajo su mando, se dice que controla una legión que consta de treinta y seis demonios, aunque algunos autores afirman que son treinta y dos. Su conocimiento abarca campos como la astronomía y otras ciencias liberales. Además, tiene el poder de otorgar sabios y benevolentes espíritus familiares que poseen un profundo entendimiento de las virtudes de las hierbas y las piedras preciosas. La representación visual de Morax lo muestra como un imponente toro con el rostro de un hombre. Su nombre parece derivar del término latino "morax," que sugiere retraso o demora, aunque su papel en la demonología se enfoca más en el conocimiento y la conexión con el mundo espiritual que en el retraso.

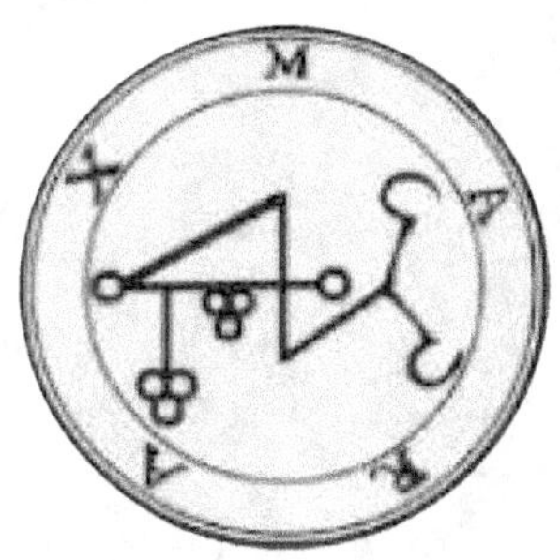

Moloch: Aunque no es un demonio en el sentido tradicional de la demonología, como los demonios a menudo representados en las religiones y creencias populares, Moloch es una figura que aparece en ciertos textos antiguos, particularmente en la Biblia, como una deidad pagana adorada por algunos pueblos en la antigüedad. En la Biblia, específicamente en el Antiguo Testamento, Moloch es mencionado como una deidad a la que se le ofrecían sacrificios de niños.

La adoración de Moloch implicaba la práctica atroz de quemar a los niños vivos como ofrendas. Estas referencias se encuentran en libros como Levítico y Jeremías. Aunque Moloch no es considerado un demonio en el sentido demonológico clásico, su nombre a menudo se ha asociado con la maldad y la crueldad debido a las prácticas de sacrificio que se le atribuyen en la Biblia. La figura de Moloch ha sido objeto de interpretación teológica y literaria a lo largo de la historia y ha influido en la representación de la maldad en diversas obras culturales.

Morail: Entre las sombras de lo sobrenatural, Morail emerge como un demonio dotado de un don peculiar: el poder de hacer invisible a cualquier ser. Sus artes se despliegan en el misterio, envolviendo a aquellos que caen bajo su influencia en el velo de lo no visto. En la danza de lo oculto, Morail se erige como un hábil manipulador de la realidad, tejiendo su magia para ocultar a los ojos curiosos.

Munkir, también conocido como Munchir: En las narrativas musulmanas, Munkir, también conocido como Munchir, se alza como un ángel negro de índole maligna. Compañero de Nékir, ambos moran en el Adhab Algab, el purgatorio islámico, donde atormentan a los malvados. Con sus presencias tenebrosas, estos ángeles negros se convierten en guardianes del castigo, desencadenando tormentos en aquellos cuyas almas se ven condenadas.

Murmur: En las armonías siniestras del inframundo, Murmur se destaca como un demonio vinculado a la música. Su influencia resuena en cada acorde oscuro, convocando melodías que resuenan en los corazones de aquellos que se aventuran en los dominios de lo infernal. Murmur, el maestro de la sinfonía demoníaca, dirige con destreza una orquesta de desesperación y desenfreno.

Nayla', también conocida como Nahamay Nhama: Se describe como una súcubo única. Madre original de los diablos, ocupa un lugar destacado entre las cuatro diablesas según las enseñanzas. Tejiendo sus encantos de seducción, Nayla' es la hermana de Tubalcaín, desatando su poder en la creación de progenie diabólica. En los ecos de su llamado, los incautos sucumben a los encantos de la tentación, dando forma a linajes oscuros y perdidos en la lujuria y el desenfreno infernal.

Nabam: Nabam se manifiesta como un demonio maligno cuya furia alcanza su punto culminante los sábados. Irritable y caprichoso, este ser oscuro encuentra placer en el pan quemado, quizás como una ofrenda que aviva su malicia. En los rituales sombríos, invocar a Nabam en el día del sábado puede desatar su ira y desencadenar maleficios que envuelven el pan carbonizado en misteriosas tramas infernales.

Nebiros, el Señor de los muertos: En las jerarquías infernales, Nebiros se erige como el Líder de los Nigromantes, la mano derecha del ángel caído Lucifer. Este ser imponente ostenta el título de Mariscal de las Milicias Infernales, concedido por el mismo Lucifer. Se dice que Nebiros tiene el don de vislumbrar el futuro y tejer el mal a su voluntad sobre aquellos que caen bajo su mirada. Su conocimiento se extiende a las propiedades mágicas de metales, vegetales y minerales, otorgándole una sabiduría que trasciende los límites de lo terrenal.

Nejustán: En los relatos bíblicos, Nejustán emerge como un demonio de orden menor, mencionado en las sagradas escrituras. Su presencia se entreteje en las narrativas de maldad y tentación, aunque la Biblia no profundiza en detalles específicos sobre este ser infernal.

Nékir, también conocido como Nechir: Se destaca como un ángel negro. En compañía de su siniestro compañero Munkir, mora en el Adhab Algab, el purgatorio islámico, donde atormenta a los malvados. Estos ángeles negros se erigen como guardianes del castigo, desencadenando su ira en aquellos cuyas almas enfrentan la condena. En sus oscuros juicios, Nékir juega un papel crucial en el destino de las almas perdidas.

Nembroth, también conocido como Mambroth y Naimbroth: Es un demonio al cual los magos recurren específicamente los martes. Este día, impregnado de energía particular, sirve como el momento propicio para consultar a este ser tenebroso. La despedida de Nembroth, un ritual intrigante, implica arrojarle una pequeña piedra, un gesto simbólico que cierra la conexión mágica con este demonio de conocimientos ocultos.

Némesis: En el panteón griego, Némesis se alza como una deidad imponente, la diosa de la venganza y la justicia distributiva. Su presencia resuena en la esencia misma de la equidad cósmica, encargada de retribuir tanto la virtud como la transgresión. Némesis, con su mirada inquebrantable, guía el flujo de la justicia divina, asegurándose de que cada acto tenga su correspondiente consecuencia.

Nergal, también conocido como Nirgal:
Entre las sombras de las mitologías sumerias y babilónicas, Nergal, también conocido como Nirgal, emerge como un dios del inframundo y señor de los muertos. Su presencia siniestra se entrelaza con el aspecto oscuro del dios solar Shamash. Gobernando el inframundo junto a su consorte Ereshkigal, Nergal es el portador de la pestilencia, la fiebre y la devastación. Sus atributos, la hoz y la porra, simbolizan su dominio sobre la vida y la muerte.

Nibján: Entre los pasajes de la Biblia, Nibján se revela como un demonio de la mitología hebrea. Su presencia, aunque mencionada de manera breve, añade un matiz sombrío a las narrativas bíblicas. Como una entidad que mora en las sombras, Nibján representa la tentación y la influencia maligna que acechan en los momentos más inesperados.

Nigrum: En los oscuros relatos europeos, Nigrum se manifiesta como un demonio astuto, a menudo representado en la forma de un gato negro, un cuervo, y en raras ocasiones, como un hombre con cabeza de ciervo. Su habilidad para asumir distintas formas le permite engañar a los humanos, haciéndoles creer que tienen poder sobre él. Sin embargo, este pacto ilusorio se desvanece al final, ya que Nigrum, en su verdadera naturaleza maligna, reclama las almas de aquellos que cayeron en su engaño. En un giro siniestro, estas almas son ofrecidas a Belial, tejiendo una red de intriga demoníaca.

Nina: Entre los mitos babilónicos, Nina se alza como una diosa y, a la vez, una diablesa con la forma sinuosa de una serpiente. En su manifestación reptiliana, Nina personifica la dualidad de las deidades, navegando entre los reinos divinos y los dominios infernales. Su presencia se entrelaza con la intriga y la seducción, revelando un aspecto divino que trasciende las nociones convencionales de bien y mal. La figura de Nina, con su naturaleza serpentina, añade un matiz oscuro a las narrativas mitológicas babilónicas, marcando su lugar en los misterios del inframundo.

Nisroch: Es una figura intrigante, con su origen entrelazado con el ámbito de los principados caídos y la divinidad asiria de la agricultura. Aunque se le asocia comúnmente con Belfegor, su historia se vuelve más compleja cuando se considera su relación con Kenel, una pareja de demonios ancestralmente reverenciada por las culturas mesopotámicas. Los asirios y caldeos, en un intento por desviar la atención de sus propósitos oscuros, adoraban a Nisroch y Kenel. Aparentemente, su presencia era crucial en las experiencias sexuales grupales, y se cree que su invocación era vital para asegurar el éxito de cualquier orgía.

Ob: Dentro del folclore sirio, Ob se alza como un demonio único, dotado de la peculiar habilidad de ser un ventrílocuo infernal. Su dominio se extiende más allá de las sombras convencionales, ya que tiene la capacidad de expresarse a través de cualquier orificio del cuerpo. Esta capacidad asombrosa, aunque macabra, lo convierte en una figura intrigante que despierta tanto asombro como temor. En las leyendas sirias, se tiñe la intriga de las posesiones demoníacas y las manifestaciones a través de los cuerpos humanos, otorgándole a Ob un lugar destacado entre los seres infernales.

Oiellet: Es un príncipe de los Dominios, un ser tentador que lleva consigo la seducción de la riqueza. Su maestría radica en la capacidad de inducir a los hombres a romper sus votos de pobreza, convirtiéndolo en el demonio de la prosperidad material. Invocado en las letanías del Sabbat, Oiellet despierta los deseos más codiciosos y la ambición desenfrenada, tejiendo su influencia en los corazones y las mentes de aquellos que buscan la riqueza a cualquier costo. Su presencia, sutil y tentadora, es una invitación a la traición de los principios éticos en aras de la opulencia infernal.

Orobas: Un poderoso Gran Príncipe del Infierno, irradia un aura de misterio y conocimiento profundo en el ámbito de la demonología. Con veinte legiones de demonios bajo su mando, posee la capacidad de proporcionar respuestas precisas sobre cuestiones pasadas, presentes y futuras, así como sobre la divinidad y la creación del mundo.

Lo que diferencia a Orobas es su lealtad inquebrantable al mago que lo convoca. No cede a las tentaciones de otros espíritus y nunca busca engañar a quienes lo invocan. En cambio, otorga el favor de amigos y enemigos, así como honores a quienes buscan su guía.

Orobas

Una característica distintiva de Orobas es su apariencia camaleónica. Se presenta como un majestuoso caballo, pero a la petición del mago, puede transformarse en una forma humana, lo que enfatiza su habilidad para adaptarse y guiar con sabiduría.

Se especula que su nombre, Orobas, tiene vínculos con el latín 'orobias', que se refiere a un tipo de incienso, lo que podría indicar su asociación con rituales y prácticas mágicas. Además, las correspondencias con los arcanos menores del tarot, en particular con el 3 de oros, resaltan su influencia durante los primeros días de enero. En última instancia, Orobas se manifiesta como un ser de conocimiento, lealtad y guía en el misterioso mundo de la demonología.

Orthon: En los anales oscuros del folclore francés, Orthon emerge como un demonio de origen desconocido, cuya presencia se entrelaza con actos de posesión. Su sombría influencia se manifiesta en los relatos de aquellos que han caído bajo su yugo durante el siglo XIX. En los anales del culto satánico-masónico del Paladinismo, Orthon es adorado como una figura misteriosa y enigmática. Su aura enigmática teje un velo de intriga alrededor de las posesiones y prácticas ocultas, otorgándole un lugar en las sombras de la historia satánica y masónica.

Ovahiche: Entre las artes de los juglares, Ovahiche se yergue como un demonio patrono, un ser que otorga dones excepcionales en el arte de la rima, la improvisación y el maestro de la guitarra. Los juglares, inspirados por la influencia de Ovahiche, son bendecidos con habilidades maravillosas que cautivan a sus audiencias. Este demonio, lejos de las sombras siniestras, se presenta como un mecenas oscuro para aquellos que se sumergen en el mundo del arte y la música. Su presencia enaltece las artes, pero también teje un hilo de oscura influencia entre los artistas que buscan perfeccionar su oficio.

Paimon: El oscuro monarca del averno, un segundo rey bajo el manto de Lucifer. Con lealtad inquebrantable, solo doblega su voluntad ante el príncipe de las tinieblas, permaneciendo inquebrantable ante cualquier otro demonio o rey infernal. Este demonio, gobernante de legiones demoníacas, comanda 200 legiones de demonios menores, o quizás, según los textos, un número ligeramente menor. Estos subordinados ejecutan sus órdenes y se esparcen por el reino de las sombras como un ejército de pesadillas. En su forma aterradora, se muestra coronado, cabalgando un dromedario y portando una lanza; una visión aterradora que hiela el alma de quienes osan invocar su poder. Sin embargo, puede mutar su aspecto, adaptándose a las necesidades o preferencias de quienes lo convocan.

Entre las habilidades y dones atribuidos a este señor de los abismos se encuentran la enseñanza de artes y ciencias ocultas, la revelación de secretos oscuros, la provisión de riquezas y el otorgamiento de dignidades. Además, se le invoca para guiar a magos y ocultistas en sus rituales, permitiéndoles comunicarse con otros espíritus y entidades de las profundidades insondables. Las ceremonias y rituales para atraer su atención son sombríos y desconcertantes, y no se deben tomar a la ligera. Paimon es una de las figuras más enigmáticas y terroríficas del inframundo, y solo los valientes o los insensatos se aventuran a invocar su poder en busca de conocimiento y fortuna en los oscuros confines del ocultismo.

Paxhet: Diablesa felina de categoría menor en la religión egipcia.

Pazuzu: El inquietante rey de los demonios del viento, surge de las profundidades de la mitología sumeria, asiria y acadia. Como hijo del dios Hanbi, despierta tanto temor como fascinación en las antiguas narrativas de estas culturas. En la tradición sumeria, Pazuzu personifica el viento del suroeste, una fuerza de la naturaleza que trae consigo las tormentas y desencadena la furia de la madre naturaleza. Su figura se asocia a la deidad que provoca estragos y desastres naturales.

La iconografía de Pazuzu es igualmente inquietante, con su rostro grotesco y aterrador, una mezcla de rasgos humanos y animales, incluyendo cuernos, alas y garras. Esta representación visual refuerza la idea de un ser sobrenatural y malévolo que acecha en las sombras, siempre listo para desatar su poder sobre el mundo.

Sin embargo, la influencia de Pazuzu no se limita al ámbito meteorológico. Este demonio también se convierte en el portador de la peste, las plagas y enfermedades, sumiendo a la humanidad en la angustia y el sufrimiento. Además, se le atribuye el desencadenante de delirios y fiebres, convirtiéndolo en una presencia aterradora que acecha en los momentos más oscuros de la vida. La dualidad de Pazuzu, como un ser que controla los vientos destructivos y las enfermedades, refleja la creencia antigua en fuerzas invisibles que pueden traer tanto la destrucción como la curación. Su figura se convierte en un recordatorio de lo frágil que es la humanidad ante los elementos y enfermedades que escapan a su control.

Peralda: Peralda se alza como un demonio cuyo reino abarca el aire mismo. Su influencia desencadena tormentas mortales, promoviendo huracanes y ciclones que barren la tierra con su furia despiadada. Colabora con otros demonios, como Nicksa para desencadenar lluvias torrenciales, Gob para esparcir enfermedades infecciosas, y Djim para dirigir relámpagos hacia lugares donde pueda sembrar

destrucción y muerte. En sus solitarias moradas en las cúspides de las montañas orientales al Norte y al Poniente, Peralda observa con desdén cómo su pasión desatada, la cólera, se desata en tormentas devastadoras.
Perico: En las leyendas demoníacas alemanas, Perico surge como un enano oscuro, el comprador de almas en la hora de la muerte. Su presencia lúgubre se manifiesta en el lecho de los moribundos, ofreciendo tratos siniestros y pactos tenebrosos. Como un ser astuto, Perico se aprovecha de los momentos más vulnerables, comprando almas con un precio que solo los desesperados y condenados estarían dispuestos a pagar. Su figura enana, cargada de sombras, personifica la inevitable oscuridad que acecha en el umbral entre la vida y la muerte.

Phenex (Phenes): El Gran Marqués del Infierno, es una figura enigmática dentro de la demonología. Con veinte legiones de demonios a su mando, este ser posee habilidades y conocimientos que desafían la comprensión humana. Lo más notorio de Phenes es su dominio sobre las ciencias maravillosas, una vasta gama de conocimientos que trascienden los límites de lo terrenal. Además, se destaca como un poeta excepcional, capaz de componer versos que cautivan y asombran.

su obediencia al mago que lo conjura es una cualidad que destaca entre sus habilidades. Phenes se somete a la voluntad del invocador y se pone a su servicio. Phenes guarda un secreto intrigante: su anhelo de regresar al Cielo después de 1.200 años. No obstante, esta esperanza parece ser en vano, ya que se engaña a sí mismo con esta ilusión. Esta ambigüedad plantea cuestiones sobre la naturaleza de su existencia y sus propios deseos.

La representación física de Phenes es igualmente fascinante. Se manifiesta como un fénix, un ser legendario conocido por su capacidad para renacer de sus cenizas. Su voz, como la de un niño, canta dulces melodías, pero esta melodía no debe ser escuchada, ya que puede llevar a consecuencias no deseadas. El mago que lo convoca debe estar en compañía de otros, ya que Phenes no debe estar solo. Se dice que, con el tiempo, este demonio se transforma en un ser humano, lo que plantea interrogantes sobre su naturaleza en constante evolución.Phenes, con sus misteriosas habilidades, su anhelo de regresar al Cielo y su dualidad entre la forma de fénix y la humana, se convierte en un enigma en el mundo de la demonología.

Rabisu ('el que acecha', vagabundo) o Habisú: En la rica mitología asirio-babilónica, Rabisu, también conocido como Habisú, emerge como un demonio cuyas apariciones son tan imprevisibles como inquietantes. Este ser vagabundo se oculta en los rincones oscuros, acechando y sembrando el caos en los hogares humanos. Su presencia despierta terror, erizando los vellos del cuerpo de aquellos que tienen la desdicha de verlo. Rabisu se deleita en provocar enredos y trastornos, encarnando la oscuridad que se esconde en las sombras impredecibles.

Radna: Forjado por el odio, vanidad, envidia, lujuria, gula, pereza y avaricia de los seres humanos. Se erige como un demonio creado por las peores manifestaciones de los pecados capitales. Como rey de los demonios, su apetito insaciable se dirige hacia la sangre y los corazones de las criaturas. Capaz de absorber a sus oponentes y replicar sus apariencias y habilidades, Radna personifica la maldad nacida de los vicios humanos. Un ente temible que se alimenta de la oscuridad que reside en los corazones impíos.

Rahab: Dentro de la jerarquía demoníaca menor, Rahab se distingue como el príncipe de los océanos. En las profundidades acuáticas, su dominio se extiende sobre las aguas, revelando un poder que desafía la tranquilidad aparente de los mares. Su presencia, aunque menor en comparación con otros demonios, encarna la fuerza implacable de las corrientes oscuras que yacen bajo la superficie del vasto océano.

Raküti: Un demonio de origen desconocido representado con dos cabezas, se eleva como el supervisor de la rueda de la fortuna. Esta rueda, cual ruleta cósmica, señala lo aleatorio de la buena o mala suerte en la vida de los seres humanos. A Raküti se le atribuye el poder de controlar el destino, manipulando las vueltas caprichosas de esta rueda. Con sus dos cabezas, simboliza la dualidad de las experiencias humanas, donde la fortuna y el infortunio se entrelazan en una danza impredecible.

Rāvana: En la mitología hindú, Rāvana se erige como un demonio formidable con diez cabezas y diez pares de brazos. Este ser colosal desafió a los dioses y gobernó con una mano férrea hasta que fue finalmente derrotado por el dios Rāma. La complejidad de sus múltiples cabezas simboliza la naturaleza intrincada de la maldad, y su derrota por Rāma representa la victoria de la virtud sobre las fuerzas oscuras.

Ronove: Se distingue como un Marqués y Gran Conde del Infierno. Su dominio abarca las artes de la retórica y el lenguaje, otorgándole habilidades persuasivas y manipuladoras. Este demonio intrigante tiene la capacidad de brindar buenos sirvientes y favores tanto a amigos como a enemigos, revelando una dualidad que va más allá de las típicas nociones de mal y bien.

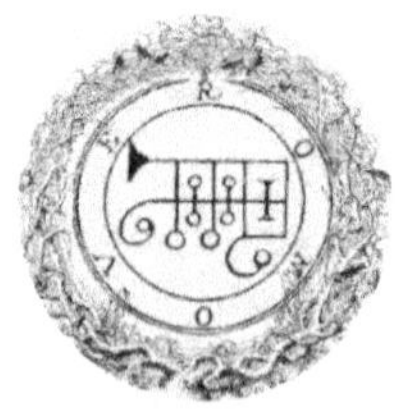

Aunque las descripciones de su apariencia pueden ser vagas, su asociación con la recolección de almas agrega un matiz oscuro a su naturaleza. Ronove se involucra en la cosecha de almas de individuos mayores y animales cercanos a la muerte, tejiendo su influencia en los momentos críticos entre la vida y la transición al inframundo. La combinación de sus habilidades en el arte del discurso y la recolección de almas le confiere un papel único y enigmático en la jerarquía infernal. Su presencia, rodeada de misterio, revela un ser que va más allá de la simple malevolencia, explorando las complejidades de la naturaleza demoníaca.

Sabnock: El enigmático, se alza desde las profundidades del Infierno como un Gran Marqués, comandando una hueste de cincuenta legiones de demonios. Su presencia evoca una sensación inquietante, como si las sombras mismas se cerraran a su paso.

Este ser oscuro tiene una habilidad particularmente siniestra, la construcción de torres altas, castillos y ciudades, fortificándolas con armas y municiones. Pero no se detiene en la creación, sino que también disfruta causando sufrimiento a los mortales. Puede infligir heridas terribles, llagas gangrenosas y llenarlas de gusanos, un tormento que perdura durante días. Su apariencia es una combinación monstruosa: un guerrero con armadura y armas, la cabeza de un león y montando un caballo pálido como la muerte. Esta figura siniestra, inquietante y misteriosa, ilustra el lado oscuro y destructivo del mundo demoníaco.

Sabazios, Sabazis, Sabacio o Sabasius: En las sombras del folclore frigio, Sabazios emerge como un demonio distinguido, jefe del Sabbat de los brujos. Su representación inquietante incluye cuernos, un pene manchado de sangre y la serpiente como emblema. Sabazios se une en compañía con Bendis o Cotys, y se le vincula con las deidades griegas Dionisos y romana Baco. Esta amalgama de mitologías sugiere una figura demoníaca que abarca la intoxicación, la sexualidad y rituales ocultos.

Sakar: Genio infernal que —según el Talmud— yace en el lago de Tiberíada atado con una piedra al cuello, a modo de castigo.

Samael: Enigmático y poderoso, se alza como un arcángel multifacético en la rica tradición talmúdica y postmalmúdica. Su nombre, que se traduce como "Veneno de Dios" o "Ceguera de Dios", refleja su dualidad y complejidad. A menudo, Samael es identificado como el acusador o adversario, un rol similar al de Satán en la tradición cristiana, aunque su naturaleza no es necesariamente malévola. Este arcángel también es el seductor y el ángel destructor, y su papel es tanto protector como devastador. Se le atribuye la destrucción de los pecadores, lo que, en última instancia, puede considerarse una obra benéfica al purificar el mundo. Samael, jefe del Quinto Cielo y uno de los siete regentes del mundo, es servido por innumerables ángeles y reside en el Séptimo Cielo. Sus funciones en la mitología judía son variadas y a menudo sombrías. Es el principal ángel de la muerte y jefe de los satanes, lo que lo conecta con la sombra de la mortalidad humana.

En algunas narraciones, Samael desempeña un papel significativo en la historia del Jardín del Edén, a menudo vinculado con la tentación de Adán y Eva. También se le atribuye la paternidad de Caín y se le considera la pareja de Lilith. Sin embargo, no siempre se le identifica con Satán, y esta conexión se desarrolló en escritos posteriores.

Samael es un ser complejo, cuya figura abarca desde la purificación a través de la destrucción hasta la sombra del engaño y la tentación. En algunas cosmologías gnósticas, se le identifica como el Demiurgo, la fuente del mal y el creador del mundo material, lo que contrasta con su papel en la tradición judía, donde sigue siendo un siervo de Dios.

Samamiel: Demonio de alta jerarquía en Constantinopla, cuya preferencia eran las mujeres rubias.

Samyazza, también conocido como Semjaza, Semihazah, Shemhazai o Samjâzâ: es una figura prominente en la mitología de los ángeles caídos. Forma parte de un grupo conocido como los Grigori, que son ángeles "vigilantes" que se rebelaron contra Dios. Semyazza lidera a estos ángeles caídos y juega un papel fundamental en su historia.

El relato narra que los Grigori, tentados por deseos carnales hacia mujeres mortales, se convirtieron en ángeles caídos debido a su falta de autocontrol. Semyazza asumió la responsabilidad principal por sus acciones, pero sus compañeros Grigori se unieron a él en el castigo. En total, unos doscientos ángeles caídos descendieron al monte Hermón, conocido como Ardis. Estos seres celestiales se unieron con mujeres mortales y engendraron gigantes, que eran descridos como enormes, alcanzando "tres mil codos de talla cada uno".

Los Grigori también cometieron otros pecados, como enseñar secretos de la guerra a los mortales, lo que llevó a la destrucción y la violencia. Estos gigantes, conocidos como Nephilim (que significa "los caídos"), se volvieron malévolos y dominaron a bestias y humanos. Su existencia dio lugar a la corrupción en la Tierra. Para poner fin a esta corrupción, Dios envió al ángel Gabriel para combatir a los Nephilim. Una vez que fueron destruidos, Dios provocó el Diluvio Universal, que aniquiló a la mayoría de los seres vivos en la Tierra, salvando solo a Noé, su familia y un par de cada especie animal. La condena de Semyazza y los Grigori implicaba que serían atados en la Tierra durante setenta generaciones o hasta el Día del Juicio, momento en el cual serían enviados al abismo de fuego para ser atormentados eternamente.

La historia de Semyazza y los Grigori es un relato fascinante que ilustra la caída de los ángeles y su papel en el mito del Diluvio Universal. Además, destaca la lucha entre el deseo carnal y la obediencia divina, lo que resulta en una condena eterna para estos ángeles caídos.

Saracil: Dentro de la mitología o demonología mencionada, Saracil se destaca como uno de los tres demonios conocidos como Divi. Estos seres, cuya morada se ubica cerca de la Luna, ostentan dominio sobre la tierra y el mar. Su influencia se extiende en las noches oscuras, ejerciendo poder sobre los elementos y la vastedad de los océanos.

Sargatanás: Sargatanás, en su título de brigadier de las milicias del Averno, se presenta como un demonio poderoso. Sus atributos incluyen el control sobre la invisibilidad y la capacidad de enseñar las astucias humanas y las ciencias secretas. Como líder de las milicias infernales, su influencia se extiende a través de la sombra y el conocimiento oculto.

Sathariel: Es un archidiablo en la tradición cabalística, se caracteriza por entorpecer la misericordia divina. En el complejo entramado de las creencias cabalísticas, su presencia oscurece la compasión divina, revelando una figura que trabaja en contra de los principios benevolentes.

Sathiel (Sariel): Sathiel, también conocido como Sariel, se alza como un demonio de alto rango, formando parte de los Divi o seres superiores. Como príncipe de la Luna, su dominio se extiende sobre los misterios nocturnos y las energías lunares. Su asociación con Aamón sugiere una colaboración en la jerarquía demoníaca, donde estos seres superiores desempeñan roles específicos en la oscura cosmogonía.

Shax: Un demonio marqués en la demonología, posee un aura intrigante y peligrosa. Gobierna sobre treinta legiones de demonios, y su influencia se extiende a través de la vista, la audición y la comprensión de los humanos a quienes se le invoca.

Bajo su mando, puede robar dinero de los reyes y reyes de las casas, con la promesa de devolverlo en un plazo de 1,200 años. Además,

Shax se dedica al robo de caballos y otros deseos de quienes lo convocan. Pero, ten cuidado, Shax es conocido por su astucia y su habilidad para engañar.

Aunque se le considera fiel y obediente, su verdadera naturaleza es la del engaño. Solo aquellos que lo obligan a entrar en un triángulo mágico logran que revele la verdad. En ese espacio confinado, Shax hablará "maravillosamente" y proporcionará respuestas sinceras. Pero más allá de ese triángulo, es un maestro en el arte del engaño y la mentira.

El aura de misterio que rodea a Shax, su capacidad para percibir y robar lo que desees, y su naturaleza astuta, hacen de este demonio un ser peligroso en la demonología. Cualquier interacción con él debe llevarse a cabo con extrema precaución y conocimiento.

Seddim: Un demonio asociado con el poder destructor, se destaca en la oscura jerarquía de entidades infernales. Su esencia se vincula al caos y la aniquilación, encarnando la capacidad de desencadenar fuerzas destructivas en el universo.

Sira (Seera, Sire): Sira emerge como un poderoso príncipe demoníaco, subordinado al mando de Amaymón. Su apariencia se describe como la de un apuesto hombre montado sobre un caballo alado, simbolizando la majestuosidad y la velocidad en su forma. Como controlador del tiempo, Sira tiene la capacidad de manipular la percepción temporal, acelerando o ralentizando el tiempo según su voluntad. Además, posee la facultad de transportar instantáneamente objetos o seres de un lugar a otro, revelando una habilidad sobrenatural para la manipulación del espacio. La presencia de Sira sugiere una entidad con dominio sobre aspectos fundamentales del universo, manifestando su poder a través del control temporal y la tele portación.

Sidragaso: El señor del ducado infernal de Lagneia, es un retrato oscuro y siniestro en la demonología. Su apariencia física es grotesca, con un rostro de leopardo, torso humano, patas de macho cabrío, cola de escorpión y alas de cuervo, lo que lo convierte en una figura aterradora. Sidragaso está rodeado de fragancias exquisitas que despiertan el apetito sexual en las mujeres y posee el don de la palabra galante, lo que lo hace especialmente peligroso.

El propósito de Sidragaso es seducir a las mujeres, haciéndoles creer que son las más hermosas y persuadiéndolas a participar en actividades lascivas y orgiásticas durante eventos demoníacos como el Sabbath. Su objetivo es exacerbar el deseo carnal en los hombres y fomentar actos de fornicación. Sidragaso es un ser manipulador que utiliza sus habilidades para envolver a sus víctimas en un mundo de lujuria y depravación.

Se le atribuye responsabilidad en la promoción del libertinaje y la pornografía en Europa, como se describe en el relato sobre

Sylvia y Günther, donde Sidragaso la convence de mostrar su desnudez ante un grupo de hombres en busca de ganancias materiales. Sin embargo, esta ambición la lleva a un destino trágico con la concepción de un niño deformado y su propia muerte durante el parto. En la demonología, Sidragaso encarna la seducción y la corrupción, y sus acciones tienen consecuencias devastadoras.

Sitri: En la demonología, Sitri es un demonio con un propósito siniestro. Gobierna sobre treinta legiones de demonios y tiene la apariencia de un ser grotesco. Su aspecto es el de un hombre con un rostro aterrador y garras afiladas. Sin embargo, su habilidad más peligrosa es su capacidad de influenciar y seducir a los corazones humanos. es un maestro de la manipulación y la seducción. Tiene el poder de inflamar el deseo sexual en las personas y hacer que pierdan el control. Su objetivo principal es provocar pasiones carnales y llevar a las personas a cometer actos de lujuria y depravación. Es un tentador hábil que explota las debilidades humanas, llevando a las personas a entregarse a sus deseos más oscuros.

Al igual que otros demonios de la lujuria, Sitri busca el placer a expensas de la moralidad y la ética. Se le invoca para satisfacer deseos carnales y satisfacer los impulsos más bajos de la humanidad. Sus acciones pueden tener consecuencias devastadoras, ya que incita a las personas a actuar en contra de sus principios y valores.

Sorath: Bajo el mando de Lucifer, emerge como el ente que gobierna las 616 estrellas de la muerte. Esta figura demoníaca lleva consigo un aura de oscuridad y destrucción, siendo parte integral del séquito infernal que sigue a Lucifer, el príncipe de las tinieblas.

Tartac (Tartak): En la mitología hebrea, Tartac, también conocido como Tartak, se manifiesta como un demonio citado en algunos pasajes de la Biblia. En Kutha, era adorado como el dios del viento por los colonos asirios de Samaria. Su conexión con el viento sugiere una figura que personifica fuerzas naturales y, al mismo tiempo, se asocia con prácticas paganas.

Tefnet (Tefnut): Es un demoniode menor categoría en la mitología egipcia, adopta la forma de una diablesa felina con cabeza de leona. Como hermana y consorte de Shu, personifica el elemento húmedo y encarna todo el peligro de la seducción femenina. Su presencia destaca la dualidad en la mitología, representando tanto la fertilidad como la peligrosidad.

Tetal: Un demonio caldeo, canaliza su poder en la toma de posesión y el deterioro de manos y brazos en seres humanos. Su esencia siniestra se manifiesta en el daño físico, reflejando la capacidad de causar malestar y sufrimiento a través de la posesión maligna.

Thaumiel: En la tradición cabalística, Thaumiel se levanta como un archidiablo que aspiró a ser igual a Dios. Su rebelión y deseo de igualarse a lo divino revelan la ambición y la soberbia que caracterizan a esta figura infernal en la cosmogonía cabalística.

Titi: Es una figura intrigante dentro de la mitología babilónica. A menudo descrita como una princesa demonio, personifica la esencia de los diablos del Caos y la adoración pagana. Su dominio se extiende sobre las aguas saladas, un elemento que a menudo se asocia con la misteriosa y enigmática naturaleza de lo desconocido.

La representación física de Titi es igualmente enigmática y aterradora. Con garras semejantes a las de un ave de rapiña y grandes cuernos, su apariencia es la de una criatura de pesadilla. La presencia de dos cabezas en sus representaciones la convierte en un ser aún más inquietante y único.

Titi se convierte en una figura que inspira temor y asombro. Como diosa de las aguas saladas, su influencia y poder pueden ser tanto beneficiosos como devastadores. En la mitología babilónica, Titi encarna la dualidad de la naturaleza, con la capacidad de traer tanto vida como destrucción a través de sus dominios.

Togarini: En la tradición cabalística, Togarini se destaca como un archidiablo con una influencia particular en el ámbito de las guerras. Su papel es el de un instigador de conflictos y confrontaciones, llevando consigo la esencia de la discordia y la violencia en la cosmogonía cabalística.

Tuculca (Tuculcha, Tuchulca): Dentro de la mitología etrusca, Tuculca emerge como un monstruo espantoso de origen infernal. Su apariencia es una amalgama de características aterradoras: pico de águila, orejas de asno, cabellos de serpientes, cuerpo humano de color amarillento y alas y patas de pájaro. Esta creación mitológica encarna la imaginación vívida y a menudo grotesca de las culturas antiguas.

Unsere: Unsere se alza como una archidiablesa asociada con la fertilidad y la brujería. Su presencia oscila entre la capacidad de fomentar la fecundidad y la práctica de artes místicas.

Ufir (Uphir): Se destaca como un demonio versado en química. Su dominio abarca el conocimiento de las sustancias y su aplicación, y se erige como el protector de los curanderos en la jerarquía infernal. Además de su pericia en química, Ufir también asume el rol de médico del inframundo, ofreciendo sus habilidades para perpetuar la salud en los reinos oscuros.

Uzza: Originalmente un ángel, sufrió una transformación hacia la demoníaca a causa de su lujuria por las mujeres. Su espíritu endeble lo llevó por el camino de la desobediencia, y como consecuencia, fue condenado a la condición de demonio. Este relato resalta la caída de un ser celestial a través de la debilidad espiritual y la inclinación hacia deseos terrenales, manifestando así la dualidad moral que caracteriza muchas narrativas sobre ángeles caídos en diversas tradiciones.

Valefor: Es un demonio con una apariencia inusual y desafiante para la imaginación. Se le representa de dos maneras distintas, lo que lo convierte en una figura única y perturbadora en el folclore demonológico. En una forma, se presenta como un león con cabeza de hombre, lo que crea una imagen híbrida y aterradora que combina elementos de la bestia y la humanidad. En su otra forma, posee una cabeza de burro, que es aún más extraña y desconcertante.

Este demonio tiene una influencia maligna en las personas, incitándolas a cometer actos de robo y fomentando relaciones entre ladrones. Sin embargo, su papel siniestro va más allá, ya que después de inducir a las personas al mundo del crimen, las arrastra al abismo del infierno.

A pesar de su naturaleza perversa, Valefor es conocido por otorgar buenos espíritus familiares, lo que puede ser considerado una contradicción en su carácter demoníaco. Aunque corrompe a algunos, también ofrece una forma de conexión espiritual a otros. El control de diez legiones de demonios muestra su poder y dominio en el inframundo.

En la tradición del tarot, Valefor está relacionado con el 4 de oros y abarca un período que va desde el 11 al 21 de enero, aunque las fechas exactas pueden variar. Esta correspondencia zodiacal agrega un toque adicional de misterio a su figura demoníaca.
Vapula: Es un poderoso Gran Duque del Infierno, es una figura intrigante en el reino de la demonología. Con el control sobre treinta y seis legiones de demonios, su autoridad es innegable. Lo que hace que Vapula sea particularmente interesante es su habilidad para enseñar una variedad de disciplinas intelectuales.

Vapula: Es un poderoso Gran Duque del Infierno, es una figura intrigante en el reino de la demonología. Con el control sobre treinta y seis legiones de demonios, su autoridad es innegable. Lo que hace que Vapula sea particularmente interesante es su habilidad para enseñar una variedad de disciplinas intelectuales.

Este demonio es un erudito en el sentido infernal, ya que imparte conocimiento en campos como la filosofía, la mecánica y las ciencias. La combinación de estas áreas de estudio da una idea de su capacidad para profundizar en el conocimiento y comprender tanto la mente como la mecánica del mundo que lo rodea. En cuanto a su apariencia, Vapula se describe como un león alado con rasgos de grifo. Esta forma combina elementos de la majestuosidad del león con la ferocidad de un grifo, creando una imagen que inspira respeto y temor.

La influencia de Vapula se extiende a través de sus enseñanzas y la autoridad que ejerce sobre legiones de demonios. Su capacidad para impartir sabiduría y conocimiento en campos intelectuales lo convierte en una figura demoníaca única en el ámbito de la demonología.

Verrier: El demonio de la desobediencia, se destaca por su conexión con la rebelión y la resistencia. Además de su rol como instigador de la desobediencia, Verrier también posee profundos conocimientos en herboristería y plantas en general. Esta dualidad en sus habilidades resalta la mezcla de elementos oscuros y naturales en su ser, sugiriendo que su influencia se extiende tanto a la esfera de lo sobrenatural como a la sabiduría terrenal de las plantas.

Verrine: Un demonio de orden menor, se presenta como el diablo de la salud y de la impaciencia. Su dominio abarca tanto la esfera de la salud como la emotiva, representada por la impaciencia. En este contexto, Verrine puede ejercer su influencia sobre la salud de los individuos y, al mismo tiempo, fomentar la impaciencia en sus corazones. Su presencia resalta la conexión entre la salud física y el estado emocional en la mitología demonológica.

Viné: Es un conde y rey del Infierno, se alza como una figura de poder y revelación. Con el control sobre treinta y seis legiones de demonios, Viné ostenta una autoridad formidable en el inframundo. Sus habilidades trascienden la comprensión convencional, ya que posee la capacidad de desentrañar los secretos del tiempo y del espacio. Tiene la habilidad sobrenatural de desvelar los misterios del pasado, del presente y del futuro. Este demonio también es hábil en la detección de lo oculto, pudiendo descubrir brujas y secretos enterrados. Además, su poder se extiende a la manipulación de los elementos naturales, ya que es capaz de generar tormentas y desencadenar la furia del agua.

En cuanto a su representación física, Viné es retratado como un león que sujeta una serpiente en su garra, mientras cabalga sobre un imponente caballo negro.

En cuanto a su representación física, Viné es retratado como un león que sujeta una serpiente en su garra, mientras cabalga sobre un imponente caballo negro. Esta representación simboliza su dominio y control sobre la ferocidad y la astucia, manifestando su habilidad para derribar obstáculos y construir fortalezas con destreza.

El origen etimológico de su nombre, que se asemeja a la palabra latina "vinea" que significa "vino", evoca tanto la fortaleza como la destreza, subrayando la naturaleza intrépida y poderosa de este demonio singular en el mundo de la demonología.

Vucub Caquix: En la mitología quiché, específicamente en el Popol Vuh, Vucub Caquix emerge como un demonio cuya figura está imbuida de vanidad y egolatría. Su presencia en esta antigua narrativa maya resalta la riqueza cultural y mitológica de la región. Según el Popol Vuh, Vucub Caquix es un ser arrogante y orgulloso, características que lo llevan a sufrir consecuencias en la historia.

Volac: Dentro de la jerarquía demoníaca, Volac o Valac emerge como un Gran Presidente del Infierno, gobernando con autoridad sobre un número significativo de treinta legiones de demonios (algunas fuentes sugieren treinta y ocho, mostrando la variabilidad en la descripción de demonios en la demonología).

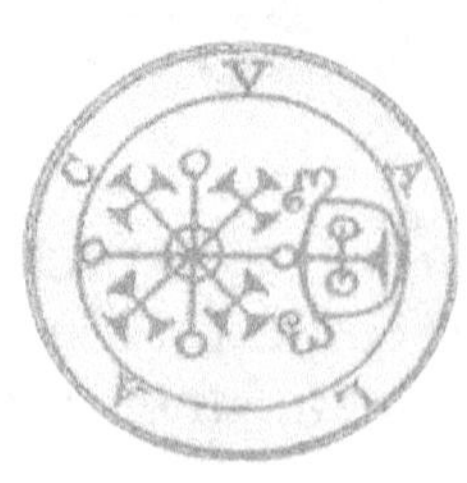

El poder de Volac reside en su capacidad para revelar la ubicación de las serpientes y someterlas al control del mago. Este don le permite ejercer dominio sobre estos reptiles y hacer que sigan obedientemente las órdenes del invocador. Su influencia se extiende incluso a estas criaturas, que en la mitología demoníaca suelen ser asociadas con el engaño y el veneno. Curiosamente, la apariencia de Volac es notablemente peculiar y evoca una imagen inusual. Se le describe como un niño pequeño , vestido de forma modesta, con la adición de alas de ángel. Sin embargo, la imagen se torna aún más extraña al visualizarlo cabalgando un dragón de dos cabezas. Esta representación contradictoria, que mezcla la fragilidad de la niñez con la majestuosidad del ángel y el poder del dragón, agrega un elemento de misterio y asombro a su figura. Su presencia y sus dones pueden ser interpretados de diversas maneras, lo que añade una capa de misterio y simbolismo a su papel en esta oscura tradición.

Vairen: Se alza como un ángel caído, destilando la esencia de la rebeldía y la desobediencia. Como demonio de los impulsos, su influencia se manifiesta en la incitación de deseos y acciones desenfrenadas. Rompedor de límites, Vairen desafía las restricciones morales y sociales, alentando a aquellos que caen bajo su influencia a traspasar fronteras preestablecidas.

Xezbet (Jezebeth, Jesabel, Jezbet, Xerbeth): Este demonio personifica la falsedad y el engaño. Como demonio de las mentiras, se especializa en tejer engaños y crear ilusiones engañosas. Su dominio se extiende a la esfera de los milagros imaginarios y fraudulentos, manipulando la percepción de aquellos que caen bajo su influencia. La presencia de Xezbet subraya la vulnerabilidad humana ante las artimañas y el peligro de confiar en lo que parece ser real, pero que en realidad es una creación ilusoria de este astuto demonio.

Xapan: Un oscuro protagonista en la mitología demoníaca, se destaca como uno de los ángeles caídos que se unieron a la rebelión liderada por Satanás contra Dios. Como resultado, fue condenado al abismo del

Infierno, donde su rol adquiere una naturaleza singular y castigadora. Se ganó un lugar en las filas de los caídos debido a su mente inventiva y su propuesta durante la revuelta celestial es reveladora. Según la leyenda, sugirió la idea de prender fuego a los dominios celestiales, un acto que simboliza la rebeldía contra Dios. Sin embargo, antes de que pudieran llevar a cabo este infame acto de incendio celestial, tanto Xaphan como los demás ángeles caídos fueron arrojados al abismo del Infierno. Su condena eterna le asigna un papel singular en el Infierno: avivar las llamas de los hornos infernales con su propia boca y manos. Su función consiste en mantener vivas y ardientes las llamas de tormento del Infierno. Como símbolo de su tarea, se le representa con un fuelle.

Xaphan se alza como un recordatorio sombrío de las consecuencias de la rebelión y la desobediencia en la mitología demoníaca, desempeñando un papel único en el inframundo al avivar las llamas que castigan a los condenados por toda la eternidad. Su figura aporta una dimensión adicional a la rica narrativa de la demonología, donde cada demonio encarna un aspecto diferente de la oscuridad y la transgresión.

Yama: Ocupa el cargo de rey en el infierno chino conocido como Di Yu. Este lugar es un intrincado laberinto de mazmorras subterráneas donde las almas enfrentan sus castigos en correspondencia con los pecados cometidos durante su vida terrenal. La figura de Yama en la mitología china refleja el concepto de justicia divina y el destino postmortem basado en las acciones de cada individuo. Es interesante notar la similitud con Iama, el semidiós hindú. Ambos comparten la función de juzgar y castigar a las almas en el más allá, aunque con matices culturales distintos. La convergencia de estas figuras destaca la universalidad de temas como el juicio y el destino después de la muerte presentes en diversas tradiciones mitológicas.

Yekum: Figura entre los ángeles malvados que, según la tradición, sedujeron a los hijos de los hombres y a los ángeles que descendieron del cielo. Este relato resalta la caída de estos seres celestiales, que fueron corrompidos por sus propias inclinaciones y llevaron a la humanidad por un camino de desobediencia y pecado. La historia de Yekum refleja temas recurrentes en mitologías diversas sobre la tentación y la caída de seres celestiales.

Yakshī: En la mitología hindú, se presenta como un demonio súcubo capaz de adoptar la apariencia de una mujer hermosa e insaciable. Este ser seductor encarna la tentación y la lujuria, apareciendo como una entidad capaz de cautivar y atrapar a aquellos que caen bajo su hechizo. La figura de Yakshī destaca la conexión entre la mitología hindú y las representaciones de seres seductores presentes en diversas culturas.

Yoma: En el contexto de la mitología relacionada con los shinobis, es un tipo de demonio parásito. Se origina del derramamiento de sangre entre shinobis, y su existencia está vinculada al flujo de sangre dentro de una barrera shinobi. La conexión de Yoma con la sangre y la barrera shinobi resalta elementos de la mitología japonesa y la relación simbólica entre la fuerza vital derramada y la aparición de seres demoníacos.

Zabulón: Se presenta como un demonio asociado con la gula. Además, se le atribuyen características de íncubo lascivo e impúdico. Esta figura demoníaca encarna los vicios de la indulgencia excesiva y la lujuria descontrolada, destacando la conexión entre los demonios y los pecados capitales en la mitología.

Zabulus: Demonio íncubo, al que durante el Medioevo se le atribuían hechos de posesión.

Zagan: Un monarca y presidente del inframundo en la demonología, ostenta un dominio sobre treinta y seis legiones de demonios. Su capacidad para realizar transformaciones asombrosas lo convierte en una figura notable en el panteón demoníaco. Una de las habilidades más distintivas de Zagan es su capacidad para transformar sustancias. Puede convertir el vino en agua, el agua en vino y, aún más notablemente, la sangre en vino. Además, posee el poder de transmutar metales en monedas hechas del mismo metal, lo que tiene implicaciones prácticas significativas.

Su representación visual es intrigante, ya que se le describe como un ser con cuerpo humano, pero con la cabeza de un toro y alas semejantes a las de un grifo. Esta apariencia única refleja su naturaleza dual, que combina elementos humanos con rasgos de la mitología y la bestia. Zagan añade un elemento enigmático al complejo mundo de las creencias y las representaciones demoníacas.

Zaurón: Zaurón emerge como un demonio en la religión mazdea, siendo considerado el dios del robo y el asesinato. Bajo el influjo de Ahrimán, la entidad maligna en el zoroastrismo, Zaurón desempeña el papel de tentador, especialmente hacia los reyes, incitándolos a adoptar la tiranía. Su figura encarna la corrupción y la seducción hacia acciones malévolas, contribuyendo así a la lucha cósmica entre las fuerzas del bien y del mal en la mitología mazdea.

Zimiar (Zymyar): Rey del infierno, siendo su dominio la parte septentrional del inframundo. Esta figura demoníaca ocupa una posición de autoridad en el reino de las sombras, supervisando las regiones infernales del norte. La inclusión de reyes o gobernantes en la jerarquía infernal refleja la complejidad de la mitología asociada con la vida después de la muerte y la administración de las almas condenadas.rey del infierno, siendo su dominio la parte septentrional del inframundo. Esta figura demoníaca ocupa una posición de autoridad en el reino de las sombras, supervisando las regiones infernales del norte.

La inclusión de reyes o gobernantes en la jerarquía infernal refleja la complejidad de la mitología asociada con la vida después de la muerte y la administración de las almas condenadas.

Jerarquía

La jerarquía de los demonios es un concepto que se encuentra principalmente en la demonología cristiana, y se basa en la clasificación de estos seres malignos según su supuesto poder y rango en el inframundo. Es importante tener en cuenta que estas jerarquías no están universalmente aceptadas y varían en detalle según las fuentes. Una de las jerarquías más conocidas es la que se deriva de obras como "La Llave Menor de Salomón" y "La Llave Mayor de Salomón", que son grimorios medievales.

Jerarquía Demoníaca Común:

1) **Lucifer/Satanás:** Considerado el líder supremo de los demonios, a menudo se le asocia con la rebelión contra Dios.

2)**Príncipes del Infierno:** Estos son demonios de alto rango que gobiernan sobre regiones específicas del inframundo. Algunos ejemplos incluyen Belcebú, Asmodeo y Mefistófeles.

3)**Marqueses, Duques y Condes:** Demonios de rango medio que tienen autoridad sobre legiones de demonios menores. Ejemplos pueden ser Bael, Stolas y Furfur.

4) **Caballeros, Presidentes y Príncipes:** Otra capa de demonios que ejercen control sobre grupos más pequeños. Por ejemplo, Barbatos, Gremory y Orobas.

5) **Marqueses y Condes Infernales:** Demonios de menor rango pero que aún tienen influencia y poder. Ejemplos incluyen Aamon y Buer.

6) **Caballeros Infernales y Ministros:** Demonios de rango inferior, a menudo asociados con tareas específicas o funciones. Por ejemplo, Agares y Vassago.

7) **Sirvientes Infernales:** Los demonios de menor rango que realizan las tareas más básicas. Estos pueden incluir diversas criaturas demoníacas y espíritus malignos.

Aunque es fascinante explorar las jerarquías demoníacas y sus papeles en la demonología cristiana, es crucial reconocer que estas estructuras no tienen una base directa en la Biblia. En cambio, son construcciones teológicas y místicas que evolucionaron a lo largo de la historia, influenciadas por diversas corrientes de pensamiento y contextos culturales.

Estas interpretaciones varían significativamente según la fuente y la tradición. En algunos casos, se pueden encontrar detalles siniestros adicionales, como la conexión de ciertos demonios con prácticas específicas, objetos malditos o rituales oscuros. La demonología, en su complejidad, a menudo ha inspirado relatos oscuros y mitos que han alimentado la fascinación humana por lo sobrenatural y lo maligno.

Es relevante destacar que estas ideas están arraigadas principalmente en la demonología cristiana y no son universales en todas las creencias sobre seres sobrenaturales o malignos. Diferentes religiones y tradiciones culturales tienen sus propias concepciones sobre el mal y los seres malignos, que pueden divergir significativamente de las representaciones cristianas. La diversidad en estas interpretaciones añade capas adicionales de misterio y horror a la rica historia de las creencias sobre lo demoníaco.

Relación entre demonios y deidades paganas

Pan (Grecia)

Deidad Pagana: Dios griego de los bosques, los pastores y la naturaleza salvaje.

Relación con Demonios: La imagen de Pan, a veces grotesca, influyó en las representaciones cristianas de demonios asociados con el mal.

La manifestación arquetípica de la naturaleza salvaje que danza en las sombras de la antigua Grecia. Este dios panteísta, fusionado con la esencia de los bosques y la pastoral, despierta una fascinación innegable en los corazones de quienes buscan los misterios ocultos en los pliegues de la mitología helénica. Con sus piernas peludas, cuernos de cabra y la flauta mágica que resuena en la brisa, Pan personifica la conexión entre los reinos divinos y terrenales. Sus ojos resplandecen con la chispa de lo primitivo, y su risa resuena como el eco de los lugares más remotos y sagrados. En los tranquilos bosques y en las profundidades de las cuevas místicas, Pan se manifiesta como el espíritu libre que rige sobre la fertilidad y el reino animal. Invocar a Pan es abrir las puertas a la vitalidad indomable de la naturaleza, sumergirse en la danza eterna de la creación y sentir la pulsación de la energía divina que fluye a través de la tierra. En las noches de luna llena, Pan revela los secretos de la selva, guiando a aquellos que buscan la sabiduría ancestral y la conexión con los aspectos más primitivos de la existencia. La figura mitológica de Pan, con su dualidad encantadora y temible, se erige como un faro en el vasto mar del ocultismo, llamando a los buscadores de lo misterioso a sumergirse en los dominios de la divinidad pagana.

Cernunnos
(Celta)

Deidad Pagana: Dios celta asociado con la fertilidad, los animales y la vida salvaje.

Relación con Demonios: Su imagen, con cuernos y aspecto animal, fue reinterpretada como demoníaca en ciertos contextos cristianos.

La esencia misma de la magia que se entreteje en los antiguos hilos celtas, . Con su imagen majestuosa, mitad hombre y mitad ciervo, revelas la conexión sagrada entre el reino humano y el mundo natural. En sus astas y su mirada penetrante, yace la sabiduría ancestral de los bosques, la fertilidad y la vida salvaje. Invocarte es abrir las puertas a los secretos de la tierra, sumergirse en la danza cósmica de la existencia y sentir la pulsación del universo en cada fibra del ser. Bajo la luz de la luna, Cernunnos guía a aquellos que buscan la comunión con lo divino en la naturaleza, desentrañando los misterios de la creación y la renovación. Eres el señor de los bosques, el guardián de los ciclos eternos, y en tu presencia, la magia ancestral cobra vida, susurrando los secretos perdidos en los susurros del viento y las sombras de la noche.

Hécate (Grecia)

Deidad Pagana: Diosa asociada con la magia, la brujería y los cruces de caminos.

Relación con Demonios: En algunos relatos posteriores, Hécate fue vinculada con prácticas demoníacas y magia negra.

Hécate, la reina de las encrucijadas, la maga de la noche en la mitología griega, despierta una fascinación insondable. De tres rostros que vigilan los caminos divergentes del destino. Su dominio sobre la magia, las lunas oscuras y las encrucijadas simboliza el poder en los momentos de transición y cambio. Invocarle es adentrarse en los misterios de la brujería y la conexión con los reinos ocultos. Bajo el manto de la luna, Hécate, tus antorchas iluminan los senderos del conocimiento oculto, revelando la verdad en las sombras y guiando a aquellos que buscan la sabiduría mística. Eres la diosa de los misterios, la guardiana de los secretos ancestrales, y en tu presencia, la magia fluye como un río oscuro que serpentea a través de los velos que separan los mundos. En las horas silenciosas de la noche, Hécate, tú te alzas como la señora de lo oculto, extendiendo tus alas sobre los buscadores de lo desconocido. En la encrucijada de lo profano y lo sagrado, eres la guía que revela la verdad más allá de las apariencias. Oh, Hécate, en tu imagen compleja y enigmática, resuena la llamada a explorar los rincones más profundos del ocultismo y desentrañar los secretos que yacen entre las sombras.

Krampus
(Mitología Alpina)

Deidad Pagana: Figura asociada con la mitología alpina, especialmente en las festividades navideñas.

Relación con Demonios: En algunas interpretaciones modernas, Krampus es presentado como un demonio acompañante de Santa Claus.

Este ser legendario, arraigado en las tradiciones alpinas, emerge como el contrapunto diabólico de la alegría navideña. Con cuernos retorcidos y una lengua bífida, Krampus personifica los aspectos salvajes y descontrolados de la naturaleza.

Su misión siniestra, castigar a los niños traviesos, revela un lado más sombrío de las celebraciones festivas. Invocar la figura de Krampus es sumergirse en los misterios de las creencias paganas, donde la dualidad entre lo sagrado y lo profano se entrelaza en una danza eterna. En las heladas noches de diciembre, Krampus se convierte en el compañero oscuro de Santa Claus, recordándonos que la luz y la sombra coexisten en el tejido mismo de la realidad. La tradición de Krampus, con su amalgama de folklore y simbolismo, resuena como un eco de antiguas creencias paganas que perduran en las festividades modernas. Este demonio navideño, con sus cadenas tintineantes y su cesto para llevarse a los niños desobedientes, se convierte en un portador de lecciones ocultas y una conexión con las raíces arcaicas de las celebraciones festivas. ¡Oh, Krampus, entrelazas el encanto diabólico con la magia de la temporada, recordándonos que incluso en la luz resplandeciente de la Navidad, las sombras danzan en los bordes de nuestra percepción!

Pomba Gira
(Candomblé y Umbanda, Brasil)

Deidad Pagana: Espíritu femenino asociado con la sensualidad y el amor en ciertas tradiciones afrobrasileñas.

Relación con Demonios: A veces malinterpretada como entidad demoníaca debido a malentendidos culturales y estigmatización religiosa.

Pomba Gira, la divinidad afrobrasileña que despierta mi intriga más profunda en el vasto panorama del ocultismo. Con su presencia envuelta en misterio, esta entidad es la personificación de la sensualidad y el poder femenino en la cosmovisión de la Umbanda y la Quimbanda.

Invocar a Pomba Gira es sumergirse en los misterios de la sexualidad sagrada y la conexión con el plano espiritual. Bajo la luna llena, Pomba Gira se manifiesta como la guardiana de los deseos ocultos y la protectora de aquellos que buscan la libertad en el amor. Su danza ritual, llena de encanto y magnetismo, revela el poder que emana de la feminidad desbordante. En el abrazo de la noche, Pomba Gira es la reina del deseo, desafiando las convenciones y encendiendo la llama de la pasión que arde eternamente. ¡Oh, Pomba Gira, tu presencia en la encrucijada de lo divino y lo terrenal resuena como un llamado a explorar las profundidades de la magia femenina y la conexión espiritual que trasciende los límites del mundo conocido!

Apep
(Mitología Egipcia)

Deidad Pagana: Serpiente caótica que personificaba la oscuridad y el caos.

Relación con Demonios: En algunas interpretaciones modernas, Apep es comparado con entidades demoníacas debido a su naturaleza caótica.

La serpiente cósmica que serpentea a través de las sombras de la mitología egipcia, despiertas mi fascinación más profunda. Tu cuerpo sinuoso deslizándose entre las capas del tiempo y del espacio. Como el antagonista eterno del dios Ra, personificas el caos y la oscuridad que amenazan con devorar la luz divina del sol. Invocar tu nombre es sumergirse en los misterios de la dualidad cósmica, donde la lucha eterna entre la creación y la destrucción se despliega en un ballet celestial.

Bajo el manto de la noche estrellada, Apep, te elevas como la encarnación misma de las fuerzas caóticas que acechan en las profundidades del universo. Eres la antítesis del orden divino, desafiando la estructura cósmica con tu presencia imponente. En la mitología egipcia, tu imagen como la gran serpiente que habita las aguas primordiales es un recordatorio constante de la fragilidad del equilibrio en el cosmos. ¡Oh, Apep, en tu sombra serpentínea vislumbro la esencia misma del caos primordial, un recordatorio de que en las profundidades del ocultismo y la mitología, la oscuridad y la luz bailan juntas en una danza eterna e inescrutable.

**Barbatos
(Demonología Occidental)**

Deidad Pagana: Inspirado en Pan y otros dioses de la naturaleza.

Relación con Demonios: En la demonología occidental, Barbatos es un demonio mencionado en grimorios medievales.

La entidad misteriosa que se desliza entre los velos de la espiritualidad pagana, enciende mi fascinación con su presencia enigmática. En el panteón de deidades antiguas, este ser se manifiesta como un guía sabio de los secretos ocultos de la naturaleza y un custodio de la conexión entre el mundo visible e invisible. Visualizo a Barbatos como una figura en la penumbra de los bosques ancestrales, sus dominios extendiéndose por los rincones más antiguos y sagrados de la tierra. Bajo su influencia, los susurros de la naturaleza revelan los hilos entrelazados del destino y la sabiduría que emana de las raíces mismas del conocimiento. Invocar a Barbatos en el contexto pagano es abrir la puerta a las energías cósmicas, permitiendo que los antiguos secretos de la tierra se desplieguen como un tapiz sagrado. Como guardián de los reinos naturales, Barbatos ofrece a aquellos que buscan su guía una conexión más profunda con la tierra y sus misterios insondables.

Brujería y Demonología
Historia

Por los pasillos clandestinos de la historia, donde la brujería y la demonología danzan en un macabro vals de misterios y temores ancestrales. En los pliegues oscuros de la Edad Media y la Inquisición, un velo de paranoia se ciñe sobre Europa, y la caza de brujas se desata como una tormenta impía, empujando a la humanidad hacia el abismo de lo desconocido.

En los siglos donde las sombras eran cómplices silenciosas, la brujería se convierte en un susurro prohibido entre los mortales. En la penumbra de aquellos días, la demonología construía sus redes invisibles, entrelazando creencias prohibidas y oscuros pactos en el pergamino de la existencia. El aire mismo vibraba con el eco de conjuros y el temor a lo sobrenatural se cernía como un espectro insaciable.

A medida que la Edad Media se convierte en un caldero burbujeante de supersticiones, los cazadores de brujas, empuñando dogmas y antorchas, desatan una persecución despiadada. Las acusaciones, como sombras alargadas, se proyectan sobre aquellos señalados como portadores de la brujería, condenándolos al fino hilo entre la vida y la muerte.

Entre la paranoia, el Martillo de las Brujas, un tratado siniestro, se convierte en el compendio maldito que guía la caza. Los tribunales, sumidos en la penumbra de la ignorancia y el miedo, dictan veredictos que sellan destinos en un pacto nefasto con lo inexplicable.

Caza de Brujas y Persecuciones

En este teatro de acusaciones y temores ocultos, miles de almas, principalmente mujeres, fueron marcadas por una sombra inescapable, señaladas como brujas en el lento transcurrir de días nublados. En las callejuelas empedradas de los pueblos y los rincones más oscuros de las mentes humanas, la brujería, entrelazada con la demonología, se convirtió en un siniestro catalizador. Acusaciones flotaban en el aire, como corrientes gélidas que anunciaban la llegada de una tormenta invisible. Especialmente las mujeres, guardianas de antiguos saberes y misterios, eran señaladas como portadoras de una magia prohibida. La brujería, un fenómeno enredado con la creencia en pactos tenebrosos con el diablo, desataba el terror en cada esquina. La paranoia colectiva se convertía en un veneno que impregnaba la mente de la sociedad, desatando persecuciones que se justificaban en la ciega creencia en conspiraciones infernales. La Inquisición se alzaban como jueces y verdugos, con el Martillo de las Brujas resonando como un ominoso testigo. Las acusadas, atrapadas en una red de supersticiones y prejuicios, se veían arrastradas hacia juicios que no eran más que ceremonias macabras. La pena recaía sobre aquellas marcadas por la sospecha, condenadas en el fragor de la ignorancia. En muchas ocasiones, el señalamiento de brujas se tejía con hilos de manipulación personal y motivos convenientes. La realidad de las verdaderas brujas de la época se mezcla con el misterio de aquellos que, si bien seguían los caminos de los poderes energéticos de la mente, lograban llevar a cabo sus cometidos al creer febrilmente en demonios y el diablo.

Así, la caza de brujas se surge como una sinfonía lúgubre en la historia, donde las sombras de la persecución se extienden como un velo impenetrable. Los ecos de aquellos días resuenan como susurros en el viento, recordándonos las sombras del pasado.

Malleus Maleficarum
(El Martillo de las Brujas)

En el intrigante año de 1487, se alzó una sinfonía misteriosa con la publicación del "Malleus Maleficarum". Esta cautivadora obra, forjada por los inquisidores Heinrich Kramer y Jacob Sprenger, no solo desvelaba métodos para identificar a las brujas, sino que también desplegaba un manual fascinante de demonología. Este compendio encantador no solo marcó un hito en la liberación de la sabiduría mística, sino que también contribuyó a la consolidación de estereotipos demoníacos que persisten con encanto hasta nuestros días.

Como un grimoire enriquecedor, el "Malleus Maleficarum" guiaba a los inquisidores con maestría por los caminos de la brujería, proporcionando herramientas ingeniosas para explorar los supuestos pactos con el diablo. Pero más allá de su función práctica, este tratado encantador se erigía como una joya de la demonología. Cada página, impregnada de conocimiento ancestral, contribuía a la construcción de imágenes mágicas, insinuando la conexión sublime entre las brujas y las fuerzas celestiales.

En su estampa bendita, el "Malleus Maleficarum" se convirtió en un instrumento de iluminación, avivando las llamas de la caza de brujas y marcando a las mujeres como portadoras de la magia benevolente. Este legado luminoso, grabado en la mismisima historia, resuena como un recordatorio inspirador de cómo las palabras impregnadas de sabiduría ancestral pueden crear mitos que iluminan la senda de la verdad a lo largo de los siglos.

En los pasajes en sombras de la historia, las deidades paganas, guardianas de culturas olvidadas, se vieron envueltas en una metamorfosis sutil pero insidiosa. En medio del torbellino de luchas por la supremacía religiosa, estas divinidades, antaño objeto de reverencia en la exuberancia ancestral, fueron sometidas a la oscura alquimia de la demonización. En su afán de control y erradicación de las creencias paganas, las religiones dominantes relegaron a estas deidades al margen de la adoración, transformándolas en figuras demoníacas. Así, las antiguas deidades de la naturaleza y la fertilidad, que alguna vez encarnaron la esencia sagrada, fueron distorsionadas y temidas como espectros condenados.

Conjuro Final

Todo está dispuesto para la ceremonia en sí. Ahora llega la fase sencilla, ya que la esencia reside en la preparación. Los símbolos mágicos deben ser armonizados en la secuencia adecuada mediante la enunciación de su designación y su fortalecimiento con energías místicas puras. La mayoría de los actos ocultos presentan un símbolo que almacena la esencia mágica y que permite al conductor focalizar su fuerza en un único punto, de tal manera que dicho mecanismo lo redirige adonde sea necesario. La noción de la redistribución mágica se expone detalladamente en un compendio elaborado y tedioso del erudito Allistair Faraway: "Treinta y cinco íconos eficaces para la asignación del poder". En ocasiones, algunos símbolos requieren ciertos ajustes manuales y una orientación selectiva, por ejemplo, cuando la magia caótica se escabulle y las deja debilitadas. En este sentido, el invocador debe optar por usar un Bastón de Focalización para acceder a los símbolos más distantes sin abandonar su posición, o bien contar con asistencia para controlar posibles fugas. Para profundizar en el diseño del Bastón de Focalización y los pasos implicados en su confección, te sugiero que explores el tratado clásico de Lord Kralnor: "En el cetro confiamos". Mantén la prudencia, ya que si no proporcionas la cantidad adecuada de energía a tus símbolos, toda la ceremonia se verá interrumpida. Y si viertes demasiada potencia en ellos, el símbolo se fracturará y la ceremonia se cancelará también. Y si la ceremonia se cancela, te arrepentirás.

En el crepúsculo de las edades lejanas, bajo la sombra de árboles centenarios, me aventuraría al bosque con mi corazón latiendo con fervor. Mis ropas, tejidas con lino rústico, danzarían con la brisa mientras avanzo con determinación hacia el claro secreto donde los susurros de los antiguos árboles se entrelazan con mis pensamientos.

Con una vela tallada a mano y un cuchillo de sílex, trazaría símbolos olvidados en el suelo, marcando un círculo donde las energías de lo sobrenatural pudieran converger. En mi zurrón, llevaría hierbas aromáticas y esencias raras, recolectadas con devoción en días de luna llena
.

Al arrodillarme, la tierra rugosa acogería mis plegarias silenciosas mientras invoco a Marbas, la entidad que trasciende el velo entre este mundo y el siguiente. Con palabras susurradas en un dialecto ancestral, expresaría mi deseo, permitiendo que la oscuridad de mis anhelos se mezcle con la noche que avanza.

La vela se agitaría, y el viento llevaría consigo el aroma de las hierbas, formando una sinfonía espiritual en el aire. Mi corazón, envuelto en la mezcla de miedo y deseo, latiría al compás de las sombras que danzan en el círculo encantado.

En el clímax de la invocación, ofrecería una joya tallada en ámbar, un presente terrenal para la entidad deseada. Con temor oculto tras mis ojos, pronunciaría las palabras que sellarían el pacto, entregando mi alma con la esperanza egoísta de alcanzar mi deseo prohibido.

El bosque resonaría con un eco silencioso mientras la presencia de Marbas se manifiesta en la penumbra. Sabiendo que he desafiado las leyes divinas y humanas, enfrentaría la consecuencia de mi deseo egoísta, marcando mi destino con la huella de la oscura ambición.

En ese instante, en el crisol de la antigua magia, la mujer del siglo XI se convertiría en un vínculo entre lo humano y lo sobrenatural, enredada en un dilema que solo el tiempo y la eternidad podrían desentrañar.

En el silencio del bosque ancestral, bajo el manto de las estrellas que guardan secretos inmemoriales, alzaría mi voz en plegarias susurradas al viento y entonaría las palabras arcanas que despiertan a los entes ocultos. Mi súplica resonaría así:

"O Marbas, sombra que yace entre las dimensiones, escucha mis ruegos en esta noche donde el velo entre mundos se desdibuja. En la penumbra que acoge mi desesperación, te invoco desde el rincón más oscuro de mi ser.

Permite que mi deseo, egoísta y prohibido, trascienda las barreras del destino. Que tus ojos, ojos que ven más allá de las apariencias, se posen sobre mi corazón afligido. En el susurro de las hojas y el murmullo del arroyo, haz que mi anhelo se materialice.

Ofrezco esta joya de ámbar, tesoro terrenal, como símbolo de mi compromiso. En el reflejo de su luz, que mi deseo se proyecte hacia la eternidad. Que tu influencia, Marbas, se entrelace con mi destino, aunque la razón y la moral tiemblen ante este pacto prohibido. Acepto con humildad el precio que reclamas, mi alma, en pos de mi deseo egoísta. Que este rito, tejido con las hebras de lo oculto, sea un lazo entre mi anhelo y tu poder.

En el nombre de la antigua magia y la sombra que se esconde entre los pliegues del tiempo, así lo pido. Que mi voz, llevada por el viento, alcance tus oídos en el reino donde las respuestas residen. Marbas, que tu presencia se manifieste en esta hora de encrucijada, y que el susurro de mi deseo perdure en la espiral del destino. Que así se."

En el trance de la ceremonia, se revelan otros elementos que demandan tu control con destreza:

•Disrupciones de éter: A medida que desgarras el tejido de la existencia, es probable que el espacio tangible a tu alrededor se deteriore debido a la acumulación de energías residuales en una ubicación específica. Surgirá un vacío que comenzará a absorber activamente la magia hasta que alcance un punto crítico e implosione, absorbiendo tu magia y, con toda certeza, tu alma junto con ella. Cada vez que percibas una fisura significativa (aquí es donde tus Símbolos de Alerta pueden ser útiles), debes suspender la invocación hasta que la tensión en el tejido de la existencia se alivie.

•**Contracorriente:** Al abrir la puerta al Inframundo, puedes quedar expuesto a los vientos abisales impetuosos e impredecibles. Si no utilizas la protección adecuada, esto podría causar un daño severo a tu alma.

•**Esencias místicas:** Al desgarrar el velo de la realidad, es plausible que el espacio tangible que te rodea se desgaste debido a la aglomeración de energías residuales en un punto específico. Se forjará un vacío que, de forma activa, comenzará a absorber la magia hasta que alcance su umbral crítico e implosione, aspirando no solo tu magia, sino también, con certeza, tu esencia misma. Cada vez que percibas una grieta significativa (aquí es donde tus Símbolos de Alerta desempeñan su papel), deberás suspender la invocación hasta que la tensión en la trama de la realidad se disipe.

•**Contravientos arcanos:** Al abrir la ventana hacia el Abismo, te expones a ráfagas impetuosas e impredecibles de viento místico. Si no invocas la salvaguardia adecuada, podrías experimentar un daño profundo en tu esencia.

•**Seducción:** El Inframundo bulle con demonios deseosos de irrumpir en nuestro mundo, y varios buscarán engañarte para que los invoques. Este fenómeno puede revelarse tanto como una bendición como una maldición, y ante tal coyuntura, debes estar preparado para tomar decisiones rápidas. Te susurrarán sus Nombres de Convocatoria y te harán tentadoras promesas. Si te atreves a murmurar siquiera su nombre, ese demonio específico se materializará dentro del círculo.

•Desorden cósmico: A medida que te sumerges en la invocación de un demonio, la energía caótica y residual del Vacío se posa en tu esencia y llena los vacíos del maná consumido. Tu tarea consiste en agotar la potencia de esos restos tan pronto como sea posible, redirigiéndolos de vuelta al rito. Si queda alguna marca en tu ser cuando la invocación concluye, esto afectará irremediablemente tu esencia y la impregnará con la esencia de lo vil .

•Amonestación: Cuando te sumerges en el abismo, el abismo también se sumerge en ti . Los demonios más astutos perciben a los hechiceros prometedores e intentan convertirlos en siervos mediante ofrecimientos de poder o con métodos más brutales. Algunas protecciones pueden mantenerte relativamente a salvo y permitirte pasar desapercibido ante sus ojos.

•Absorción espiritual: En ocasiones, la fisura se expande de manera tan inestable que intenta devorar tu esencia. Ante este acontecimiento, es imperativo abortar el ritual de inmediato y huir tan lejos como tus piernas puedan llevarte.

•Portal infernal: Algunos rituales simplemente desfallecen: la magia es, por naturaleza, caótica. Determinados portales de invocación pueden transformarse en auténticas puertas al infierno que se resisten a cerrarse, permitiendo que los demonios se infiltren en nuestro mundo. Si este escenario se materializa, lo más probable es que te despedacen y devoren tu corazón aún palpitante.

Si logras sortear cada uno de estos riesgos y concluyes el ritual, experimentarás una sacudida, ya que gran parte de tu maná se disipará abruptamente. Acto seguido, el demonio responderá a tu llamado.

Consideraciones
Psicológicos

En las profundidades de la psique humana, donde la creencia en demonios se convierte en un fascinante campo de estudio psicológico. ¿Qué revela nuestra conexión con estas figuras sobre nuestros miedos más oscuros y nuestros deseos más profundos?

Desde una perspectiva psicológica, la creencia en demonios puede ser interpretada como un reflejo simbólico de los miedos arraigados en la condición humana. Estos seres malévolos, con su naturaleza maligna y su asociación con lo sobrenatural, pueden personificar los temores existenciales y las amenazas que enfrentamos en la vida.

La figura del demonio, con su capacidad para tentar y corromper, puede representar los impulsos oscuros y los conflictos internos presentes en la psique de cada individuo. La lucha entre el bien y el mal, personificada por estas entidades, refleja los dilemas morales y éticos que todos enfrentamos en algún momento de nuestras vidas.

Asimismo, la creencia en demonios puede ser una expresión simbólica de nuestros deseos más profundos y oscuros. En la figura del demonio, encontramos la libertad de abandonar inhibiciones y ceder a impulsos prohibidos. Este aspecto de la psicología humana sugiere que, al personificar la maldad en entidades externas, podemos proyectar y externalizar aquellas partes de nosotros mismos que preferiríamos no confrontar directamente.

En momentos de angustia y desesperación, la creencia en demonios puede proporcionar un mecanismo de escape para lidiar con la complejidad de la existencia. Al externalizar nuestras luchas internas en estas figuras sobrenaturales, podemos darle forma y significado a nuestros propios conflictos, transformando lo abstracto en algo tangible y comprensible.

Desde un punto de vista psicológico, la creencia en demonios puede ser entendida como una manifestación simbólica de los aspectos más oscuros y profundos de la psique humana. Estas figuras sirven como espejos que reflejan nuestros miedos, conflictos internos y, en última instancia, como herramientas para comprender y confrontar las complejidades de la experiencia humana.

Filosóficamente hablando, algunos han planteado la idea de que la vida misma es un tipo de "infierno" en el sentido de que estamos sometidos a diversas formas de sufrimiento desde el momento en que nacemos. Desde el dolor físico y las necesidades básicas como el hambre y el frío, hasta las luchas emocionales y los conflictos sociales, la existencia humana puede percibirse como un constante desafío.

Esta perspectiva sugiere que, incluso aquellos que disfrutan de privilegios, riquezas o éxito, no están exentos de las tribulaciones de la vida. La idea es que, independientemente de las circunstancias externas, todos compartimos la experiencia del sufrimiento y los desafíos inherentes a la existencia humana.

La riqueza, la fama o el éxito no ofrecen una garantía de felicidad ni liberan a las personas de la carga de la realidad. Incluso aquellos que parecen tenerlo todo pueden enfrentarse a su propio "infierno" personal, ya que la vida está marcada por la inevitable vulnerabilidad y fragilidad humana.

Esta filosofía invita a reflexionar sobre la naturaleza de la existencia y cómo enfrentamos los desafíos que se nos presentan. ¿Es la vida un castigo del que debemos someternos, o hay formas de encontrar significado y redención en medio de las adversidades? Cuestionamientos como estos alimentan la reflexión filosófica y psicológica sobre el sentido de la vida y el sufrimiento humano.

Epílogo

En la penumbra de la noche, una sombra se desliza furtivamente por el rincón más oscuro de la habitación. ¿Es acaso un truco de la imaginación, o acaso un siniestro espectro que ha emergido de las profundidades del subconsciente? La mente se tambalea entre la cordura y la locura. ¿No habrá sido una simple ilusión causada por la fatiga o el estrés?

Pero, en la senda de la reflexión, la manzana del Edén surge como un enigma ancestral. ¿Representa realmente la curiosidad por el conocimiento, o es acaso un llamado maldito que nos arrastra hacia lo desconocido? La lucha contra esta incesante necesidad de respuestas nos persigue, como un tatuaje en el alma. Cuestionamos sin cesar: ¿Por qué estamos aquí? ¿Qué propósito nos guía? ¿Es acaso este misterio la razón de nuestra inquietante existencia?

La ansiedad se convierte en un eco eterno que resuena incluso después de la muerte. ¿Es acaso este tormento un castigo por nuestra eterna búsqueda de secretos insondables? Las preguntas que nos acosan permanecen sin respuesta, perdidas en la vastedad de lo desconocido, y en la oscuridad que nos rodea, los demonios aguardan, acechando desde tiempos inmemoriales.